Anne und Nikolaus Schneider
Vertrauen

Anne und Nikolaus Schneider

Vertrauen

Was in unsicheren Zeiten wirklich trägt

adeo

Ein Wort zuvor

Unsichere Zeiten rufen nach einem „Dennoch-Vertrauen"

Im August 2003 – vier Monate nachdem die Diagnose Leukämie ihr und unser Leben radikal verändert hatte – schrieb unsere 21-jährige Tochter in einer Rundmail an ihre Freundinnen und Freunde:

„Ich empfinde bei all den Gräben, die sich zwischen gesunden und kranken Menschen so auftun, ganz viel Nähe. Nähe zu meinen Eltern, meinen Verwandten, meinen alten und neuen Freunden, Freundinnen und Bekannten. Ich muss zum Glück diesen Kampf nicht alleine kämpfen, sondern werde ganz viel gehalten, gestützt und getragen. Gott gehört auch zu den tragenden Händen. Ihr alle wisst, dass ich weder nach dem tieferen Sinn hinter meiner Krankheit suche noch wütend auf Gott bin oder generell mit ihm hadere – mein Glaube hat Gedenkstättenfahrten überlebt, die Nachrichten, ein Jahr Kosovo, Zeitung lesen.

Mein eigenes Schicksal kann da wohl kaum der Grund sein, das **Vertrauen** in Gott als Kraft und Energiespender und mich liebender und mit mir leidender „Vater" (immer wieder scheitere ich an der Unzulänglichkeit von Worten bei dem Versuch, Gott zu beschreiben) zu verlieren.

Und so bete ich Abend für Abend dafür, dass ich weiter stark bleiben kann, dass ich nicht vergesse, wie sehr ich dieses Leben liebe, dass ich gegenüber den Menschen, die mich umgeben, nicht unfair werde, dass ich weiterhin nicht das Gefühl habe, allein zu sein ... Oft bin ich traurig eingeschlafen und fröhlich, fast schon vergnügt erwacht mit der Gewissheit, dass ich alles, was vor mir liegt, schaffen werde."[1]

Ein tiefes und nachhaltiges „Dennoch-Vertrauen" ist die entscheidende Kraftquelle, die Menschen hilft, das Leben in guten und in schweren Zeiten lieben zu können – das haben unsere Tochter Meike und wir in den schwersten Stunden erlebt. Auch enttäuschte Hoffnungen, Tränen, Trauer und Traurigkeit konnten bei Meike und uns dieses widerständige Vertrauen nicht zerstören – weder in Bezug auf unsere Mitmenschen noch in Bezug auf Gott.

„Dennoch-Vertrauen" bedeutet für uns: **Wir leben in der Gewissheit, dass wir niemals allein sind, was immer wir tun und lassen, was immer wir erdulden und erleiden.**

Und weil wir uns bei allem, was in der Welt geschieht und was uns widerfährt, von Gott und geliebten Menschen begleitet wissen, kann nichts und niemand unsere Lebenszuversicht endgültig und unwiderruflich zerstören.

Wir können einander halten, weil wir gehalten sind.

Es ist also ein grundsätzliches, vom Tagesgeschehen unabhängiges Vertrauen, das für uns das Fundament unseres Lebens und unserer Beziehungen darstellt – trotz mancher

Vertrauenskrise, trotz einiger Erfahrungen von enttäuschtem Vertrauen und trotz aller Begegnungen mit Misstrauen und leichtfertiger Vertrauensseligkeit.

Die Schriftstellerin Hilde Domin hat uns für ein solches Vertrauen den Begriff „Dennoch-Vertrauen" geschenkt. Sie schreibt gegen Ende ihres wahrlich nicht leichten Lebens: „Das Hauptwort in meinen Lebensberichten … ist Vertrauen, sich regenerierendes Vertrauen, widerständiges Vertrauen, Dennoch-Vertrauen. … Ich glaube, das Wichtigste ist, dass wir nicht nur die Erinnerung an das Erlittene weitergeben, sondern auch die Erinnerung an die empfangene Hilfe."[2]

Vertrauen als ein solches widerständiges „Dennoch-Vertrauen" bekennen, das wollen auch wir in und mit diesem Buch. Wir wollen einem Vertrauen nachspüren, das am Leiden und an Enttäuschungen nicht zerbricht und das Menschen auch in unsicheren Zeiten wirklich trägt. Einem Vertrauen, das Menschen zuversichtlich glauben, hoffen und lieben lässt, auch wenn die äußeren Umstände und persönliche Erfahrungen sie eher das Misstrauen lehren.

Menschen mit „Dennoch-Vertrauen" geben ihre Zukunft nicht preis, auch wenn sie in ihrer Vergangenheit viel Schweres erlitten haben und auch wenn ihre Gegenwart so gar nicht ihren Erwartungen an das Leben entspricht. Menschen mit „Dennoch-Vertrauen" lassen nicht ab, nach Frieden und Gerechtigkeit in allen Lebensbezügen zu suchen, auch wenn immer neue Krisen die Welt erschüttern. Menschen mit „Dennoch-Vertrauen" überlassen Gott das letzte Wort in der Gewissheit, dass Gottes Macht und Gottes Liebe stärker sind

7

als der Tod. Auch unsere Gesellschaft und unsere Politik brauchen Menschen, die getragen sind von einem Dennoch-Vertrauen. Sie brauchen Menschen, die das Dennoch-Vertrauen anderer Menschen neu wecken und stärken können.

Wie aber entsteht und wächst so ein widerständiges Vertrauen, das allen Erfahrungen von Versagen, Leid und Zerstörung ein „Dennoch!" entgegensetzen kann? Und wie hängen unser Selbstvertrauen und unser Menschenvertrauen mit unserem Gottvertrauen zusammen?

Auch darüber wollen wir in diesem Buch nachdenken und unseren Leserinnen und Lesern persönliche Antworten zum Weiter-Denken oder auch zum Ganz-anders-Denken anbieten.

Denn es geht uns in diesem Buch nicht um eine Zusammenstellung wissenschaftlich-theoretischer Gedanken und Ausführungen zum Vertrauensbegriff oder zu einer Vertrauenskultur. Wir wollen vielmehr von eigenen Vertrauens-Erfahrungen erzählen und diese zu unserem Glauben und zu unseren Gottesvorstellungen in Beziehung setzen.

Wir wollen unsere Überzeugung teilen: Vertrauen lehrt Menschen, das Leben zu lieben und das Sterben getrost in Gottes Hände zu legen. Und zugleich ist das Dennoch-Vertrauen eine unersetzbare Lebensader für eine menschenfreundliche Politik und Gesellschaft. Denn nur Menschen mit einem Dennoch-Vertrauen widerstehen der Politikverdrossenheit, dem Zynismus und der Resignation angesichts all der Vertrauenskrisen in ihrem persönlichen und im öffentlichen Leben.

Wir haben dieses Buch bewusst als Dialog geschrieben. Für uns ist das Gespräch – das Gespräch miteinander als Paar, das Gespräch mit anderen Menschen und immer wieder auch das Gespräch mit Gott – ein bewährter Weg, unser Dennoch-Vertrauen zu stärken und Gottes Weisungen für unser Leben auf die Spur zu kommen. Im Dialog und im Diskurs schärfen wir unseren Blick und unsere Sensibilität für das Vertrauen als eine Wurzel unseres Lebensglückes und als eine Lebenshaltung, die Menschen auch in unsicheren Zeiten wirklich trägt. Verschiedene Schrifttypen machen im Folgenden deutlich, welche Dialogbeiträge jeweils wem zuzuordnen sind.

Gerechtigkeit für Frauen im persönlichen und im öffentlichen Leben ist uns ein wichtiges Anliegen. Deshalb halten wir es grundsätzlich für sinnvoll, in Reden, Vorträgen und in schriftlichen Texten Männer und Frauen geschlechtergerecht anzusprechen. In der Regel haben wir auch in diesem Buch Formulierungen gewählt, die beide Geschlechter umfassen. Gelegentlich aber haben wir uns um der Lesbarkeit willen auf „eingeschlechtliche" Formulierungen beschränkt, die jeweils das andere Geschlecht einschließen sollen.

Anne und Nikolaus Schneider, Januar 2013

Inhalt

11

Kapitel 1

Vertrauen ist ein Beziehungswort

Anne Schneider: Wenn ich die Worte „Glück" und „Liebe"
höre, dann stehen mir ganz unwillkürlich sofort glückser-
füllte und liebevolle Situationen vor Augen. Und vor allem
die Menschen, die mich glücklich machen, die mich lieben
und die ich liebe.

Ich sehe dann uns beide, wie wir das Glück mit unseren
Kindern und Enkelkindern genießen. Ich sehe, wie wir beide
an unserem Hochzeitstag im großen Familien- und Freun-
deskreis himmelhoch jauchzend unsere Liebe feiern. Aber
ich sehe auch, wie wir einander in schweren Zeiten festhalten und trösten. Und mir wird dabei wieder neu bewusst,
dass es für mich Liebe und Glück sogar im Leiden gibt.
Nämlich dann, wenn ich in deinen Armen weinen kann und
mich mit meiner ganzen Trauer und Traurigkeit bei dir verstanden und aufgehoben weiß.

Und genauso wie mit den Worten „Glück" und „Liebe" geht
es mir auch mit dem Wort *„Vertrauen"*. Ich wüsste wirklich
nicht, wie ich von Vertrauen reden oder schreiben könnte,
ohne von meinen persönlichen Erfahrungen mit Vertrauen
zu erzählen.

*Vertrauen ist für mich einfach nicht denkbar und nicht er-
klärbar ohne den Zusammenhang mit vertrauensvollen Beziehungen.*

Menschen, die ich liebe und von denen ich mich geliebt
fühle, sind für mich gleichsam der Wurzelboden, auf dem
das Vertrauen zu mir selbst, zu meinen Mitmenschen und
zu Gott wachsen kann.
Und ich danke Gott, dass mein Vertrauen seit mehr als
40 Jahren durch die starke und liebevolle Beziehung zu dir
wachsen konnte und noch immer wachsen kann!

Nikolaus Schneider: Danke für diese Liebes- und Vertrauenser-
klärung!
Mir geht es ähnlich. Auch ich will und kann den Begriff „Vertrauen" nicht abstrakt definieren, eingrenzen und festschrei-
ben. Eben weil er grundsätzlich und konkret ganz viel mit den
Erfahrungen und Gefühlen von Menschen zu tun hat. Und
weil menschliche Erfahrungen und Gefühle immer noch einen
„Mehrwert" haben gegenüber allen noch so geistreichen und
wortreichen Begriffserklärungen. Wenn ich von Vertrauen rede,
bleibt immer eine Differenz zwischen dem erlebten Vertrauen
und den Worten, die es zu fassen versuchen.

Schlägt man das Wort „Vertrauen" in Wörterbüchern nach,
stößt man auf unterschiedliche Erklärungen:
– Vertrauen ist ein Wort, von dem es keine Mehrzahl gibt.
  „Vertrauen" geht auf das mittelhochdeutsche „vertruwen"
  und noch weiter auf das gotische „trauan" zurück. Es ist ver-
  wandt mit dem Wort „treu".

- Vertrauen ist eine persönliche Überzeugung, ein belastbares Gefühl und ein fester Glaube, dass man sich auf eine Person oder eine Macht fest verlassen kann.
- Vertrauen benötigt eine Vertrauensgrundlage. Das können selbst gemachte Erfahrungen sein, aber auch das Vertrauen von Personen, die einem nahestehen.

Alle diese Erklärungen machen mir deutlich:

Über Vertrauen können wir nicht angemessen reden, ohne über unsere Beziehungen zu reden – über unsere Beziehungen zu Menschen, über unsere Beziehung zu uns selbst und über unsere Beziehung zu Gott.

Viel wichtiger als die Frage „Auf *was* vertraue ich?" ist deshalb auch mir die Frage: „Auf *wen* vertraue ich?"

Jedes Vertrauen zu einem Wert, einer Idee oder einer Sache muss sich meines Erachtens in den personalen Beziehungen des Lebens bewähren. Sonst mache ich mir selbst oder meinen Mitmenschen etwas vor. Sonst rede ich von Vertrauen, lebe oder säe aber Misstrauen.

Ich kann beispielsweise nicht behaupten: „Ich vertraue auf die Freiheit." Und dann bevormunde und gängele ich meine Frau und meine Kinder.

Und wer sagt: „Ich habe Vertrauen zu unserem Rechtsstaat", der kann meines Erachtens nicht gleichzeitig das staatliche Gemeinwesen durch Steuerhinterziehung betrügen oder beim Wirt nebenan die Zeche prellen.

Ich kann auch nicht verstehen, wenn Menschen in den USA behaupten: „Wir vertrauen auf den Wert der Freiheit!", und gleichzeitig auf dem Recht beharren, sich bis an die Zähne zu bewaffnen.

Vor allem kann ich nicht von anderen erwarten, mir, meinen Worten und Taten, zu vertrauen, wenn ich selbst nicht bereit bin, anderen Menschen Vertrauen zu schenken und im privaten wie auch im öffentlichen Leben Vertrauen zu wagen. Überhaupt finde ich es schwierig, wenn Menschen privat oder öffentlich Vertrauen *einfordern*. Um Vertrauen können wir nur bitten.

Für mich ist und bleibt das Vertrauen anderer Menschen grundsätzlich immer ein Geschenk, das ich durch mein Tun und Lassen bestätigen, enttäuschen oder verlieren kann, aber das ich letztendlich nicht „verdiene". Deshalb hat mich die erste Rede von Joachim Gauck nach seiner Vereidigung als Bundespräsident so positiv berührt. Eben weil er darin kein Vertrauen *gefordert*, sondern *erbeten* hat:

„Zum Schluss erlaube ich mir, Sie alle um ein Geschenk zu bitten: um Vertrauen. Zuletzt bitte ich Sie um Vertrauen in meine Person. Davor aber bitte ich Sie um Vertrauen zu denen, die in unserem Land Verantwortung tragen, wie ich diese um Vertrauen zu all den Bewohnern dieses wiedervereinigten und erwachsen gewordenen Landes bitte. ..."

Auch ich fühlte mich nach meinen Wahlen in leitende Ämter der evangelischen Kirche eher dankbar als stolz. Dass mir so viele Menschen in den Synoden unserer Kirche mit ihrem Wahlvotum ihr Vertrauen geschenkt haben – in der Synode der Evangelischen Kirche im Rheinland und dann später auch in der Synode der Evangelischen Kirche in Deutschland –, das habe ich weniger als einen verdienten Lohn für vergangene Taten und Leistungen empfunden, sondern mehr als einen geschenkten Vertrauensvorschuss für meinen künftigen Dienst. Und auch als ein Geschenk an mich persönlich. In diesem geschenkten

Vertrauen fühle ich mich auch getragen, wenn von mir ange-stoßene Projekte scheitern, wenn ich nicht für alle meine theo-logischen Positionen eine Mehrheit finde und wenn die Gren-zen meiner körperlichen Belastbarkeit zutage treten.

Ohne vertrauensvolle Beziehungen, die in keinem direkten funktionalen Zusammenhang mit meinen Leistungen ste-hen, möchte ich nicht leben und nicht arbeiten. Mich stän-dig bewähren zu müssen, immer „auf Probe" zu arbeiten und zu leben, wäre mir unmöglich. Ohne diese vertrauensvollen Beziehungen, die für mich immer die Dimension eines un-verdienten Geschenkes behalten, könnte ich gar nicht über Vertrauen predigen und zum Gottvertrauen einladen. Und auch meine Kreativität und Spontanität würden ohne ver-trauensvolle Beziehungen absterben.

Ich möchte das für mich und auch ganz allgemein so auf den Punkt bringen: **Die vertrauensvollen Beziehungen, in denen ein Mensch lebt, bilden gleichsam einen „Wahrheitsraum" für all das, was er theoretisch über Vertrauen denkt und sagt.**

Gut, reden wir also ein wenig über einen – für uns ganz entscheidenden – Wahrheits- und Erfahrungsraum des Vertrauens: reden wir über unsere Familien- und Paar-beziehung.

Ich war 18 und du 20 Jahre jung, als wir uns kennen und lieben lernten. Seit mehr als 40 Jahren sind wir inzwischen verheiratet. Wir sind miteinander erwachsen geworden und sind zusammen „gealtert" – eigentlich wollte ich „alt gewor-den" schreiben, aber das trifft irgendwie noch nicht unser

Lebensgefühl. Drei Töchter haben wir großgezogen. Dabei haben wir beide versucht, unseren Einsatz für die Familien- und Berufsarbeit so zu gestalten, dass unsere Paarbeziehung nicht zu kurz kam. Das war und das ist übrigens bis heute eine immer wieder neu zu lösende Aufgabe. Am 3. Februar 2005 starb im Alter von 22 Jahren – nach zweijährigem Kämpfen, Hoffen und Bangen – unsere jüngste Tochter Meike an Leukämie. Die Erfahrung dieser zwei Jahre prägt ganz nachhaltig unser Denken und Reden über das Vertrauen – über unser Vertrauen zu uns selbst, zu anderen Menschen und auch über unser Vertrauen zu Gott. Aber gerade in dieser schwersten Zeit unseres Familienlebens haben wir erfahren können: *Ein Leben in vertrauensvollen Beziehungen ist immer ein glückliches Leben!*

Unser Lebensglück liegt nicht in Leidfreiheit oder in dem „Happy End" eines Geschehens begründet, sondern in unserem Grund-Vertrauen:

Wir sind begleitet und geliebt bei allem, was uns widerfährt. Wir haben einen Menschen an unserer Seite, für den wir „glücksentscheidend" sind – also wichtiger als Beruf, Karriere und alle Freizeitinteressen. Wir leben in und mit dem Vertrauen: *Dieser Mensch liebt mich und vertraut mir, ohne dass ich mir seine Liebe und sein Vertrauen täglich neu erkämpfen und verdienen müsste. Und wir haben Gott an unserer Seite an allen Tagen unseres Lebens.*

Auch Gottes Gegenwart und Liebe müssen wir uns nicht täglich neu erkämpfen und verdienen!

Dieses Vertrauen trägt uns auch in unsicheren Zeiten.

Mit dem Vertrauen und einer glücklichen Beziehung scheint es mir dabei ein bisschen so zu sein wie mit der Henne und dem Ei: Man kann gar nicht grundsätzlich klären, was zuerst da sein muss. Ohne Vertrauen kann keine glückliche Beziehung wachsen und gelingen – weder zu Menschen noch zu Gott. Andererseits entspringt und erwächst Vertrauen aus einer glücklichen Beziehung. Für unser gemeinsames Lebensglück ist jedenfalls weder eine Beziehung ohne Vertrauen noch ein Vertrauen ohne Beziehung denkbar.

Ja, und wir beide haben in den Jahrzehnten unserer Ehe gemerkt, dass ein vertrauensvolles Beziehungs-Glück für uns nicht identisch ist mit einem unbeschwerten und problemlosen Leben. Und wahrlich auch nicht mit einer Dauer-Harmonie und konfliktloser Einmütigkeit zwischen uns beiden.

Du hast es nach einer recht heftigen Auseinandersetzung und dem anschließenden „Versöhnungshoch" einmal ganz entschieden so formuliert: Für dich sei andauerndes Gleichmaß der Emotionen das Todesurteil für eine eheliche Liebesbeziehung. „Himmelhoch jauchzen" vor Glück könne schließlich nur, wer auch immer wieder gemeinsam die Täler eines „Zu-Tode-betrübt-Seins" durchschreitet. Denn gerade dieses Wechselbad von intensiven Gefühlen zeige dir, dass unsere Beziehung zueinander noch immer lebendig sei.

Du weißt, ich bin nicht ganz so emotional und streitlustig wie du und sehne mich des Öfteren nach etwas längeren harmonischen „Gleichmaß-Phasen". Aber grundsätzlich stimme ich dir zu:

Konfliktfreiheit ist weder eine grundsätzliche Voraussetzung noch ein eindeutiges Zeichen für die Liebe.

Liebende suchen natürlich nicht aus lauter Streitlust nach Konflikten, aber sie schütten sie auch nicht zu und reden sie sich nicht schön. Liebende haben den Mut und das Vertrauen, sich ihren Konflikten zu stellen.

Das dann oft anstrengende und manchmal wohl auch schmerzhafte Bearbeiten dieser Konflikte vermag ihre Liebe und ihre Beziehung sogar zu stärken, wenn ihr Vertrauen standhält: das Vertrauen, gerade auch in und mit den Konflikten vom Partner bzw. der Partnerin geliebt zu sein.

Ich empfinde es als das große Glück unseres Lebens, dass uns das in unserer langjährigen Beziehung geschenkt und gelungen ist. Und auch ich genieße es, dass unsere Beziehung für uns beide so lebendig und spannend geblieben ist. Eben weil wir gelernt haben, unsere Verschiedenheiten – also beispielsweise ich deine Streitlust und du mein Harmoniebedürfnis – nicht als eine grundsätzliche Beschwernis, sondern als eine grundsätzliche Bereicherung unserer Partnerschaft zu begreifen.

Doch ich muss gestehen: Mich bewegte und bewegt schon so manches Mal die Hoffnung, dass uns unser gemeinsames „Alt-Werden" und „Alt-Sein" vielleicht etwas mehr konfliktfreie Harmonie schenken wird – ohne dass du unserer Beziehung dann ihre Lebendigkeit absprechen wirst.

Wenn ich auf mein Leben zurückblicke – nach 65 Lebensjahren überkommt einen schon gelegentlich so ein Bedürfnis –, dann wird mir dankbar bewusst: Vertrauen ist die Basis unseres Lebens und unseres Zusammenlebens.

Meine Beziehung mit dir hat mein Vertrauen gestärkt: mein Selbstvertrauen, mein Vertrauen zu dir und zu anderen Menschen und auch mein Vertrauen zu Gott. Und deshalb gilt auch für mich: **Vertrauen ist ein Beziehungswort – nicht nur theoretisch, sondern ganz lebenspraktisch und im wörtlichen Sinn „lebens-notwendig"!**

Kapitel 2

Auch Gottvertrauen ist ein Beziehungswort

Wenn wir im Neuen Testament nach einer ausdrücklichen Erwähnung des Begriffs „Vertrauen" suchen, dann werden wir enttäuscht. Aber offensichtlich ist sein Inhalt in dem griechischen Wort für „Glaube" enthalten. Darum wählt manche Bibelübersetzung auch das Wort „Vertrauen" an den Stellen, wo in der Übersetzung von Martin Luther „Glaube" steht.

Bei einem tieferen Nachdenken über biblische Texte wird deutlich:

Wenn die Bibel von „Glaube" spricht, dann geht es nicht zuerst um das „Für-wahr-Halten" von bestimmten Sachverhalten und theologischen Lehrsätzen.

In der Bibel ist „Glaube an Gott" gleichbedeutend mit „Gott-Vertrauen".

Nur in vertrauensvollen Beziehungen von Menschen zu Gott und zwischen den Menschen finden alle biblischen Glaubens-Verheißungen ihren Sinn und ihre Erfüllung.

Ich denke etwa an die Verheißungen: „Wer an mich glaubt, der wird leben, auch wenn er stirbt"(Johannes 11,25b). Und: „So halten wir nun dafür, dass der Mensch gerecht wird ohne des Gesetzes Werke, allein durch den Glauben" (Römer 3,28).

Wenn wir bei diesen Sätzen das „Gott-Vertrauen" bei dem Wort „glauben" nicht mithören, dann werden diese Verheißungen uns niemals Hoffnung und Zuversicht für unser alltägliches Leben schenken können. Vor allem nicht in Zeiten, in denen es uns richtig schlecht geht. Wenn wir nicht mehr weiterwissen, wenn eine Beziehung zerbricht. Wenn wir unsere Arbeit und den Halt im Leben verlieren. Besonders, wenn wir mit dem Tod geliebter Menschen oder mit unserem eigenen Sterben konfrontiert werden.

Nach meiner Erfahrung kann uns in unsicheren und leidvollen Zeiten nur ein Glaube tragen, der als eine vertrauensvolle Beziehung zu Gott gelebt wird.

Aber muss unsere Beziehung zu Gott eigentlich immer wie eine Beziehung zwischen menschlichen Personen gedacht werden? Und müssten wir nach unserem Verständnis von „Vertrauen" und „Beziehung" nicht eigentlich all den Menschen, die keine Vorstellung von einem persönlichen und menschenähnlichen Gott haben, jedes Gottvertrauen absprechen?

Ich fühle mich dir in diesen Gedanken ganz nahe:
Für uns beide ist Gottvertrauen in erster Linie ein personales Vertrauen. Wir beide glauben und leben in einer persönlichen Beziehung, in einer „Du-Beziehung" zu Gott.
Wir können es uns nur sehr schwer vorstellen, wie Menschen ohne eine solche Gottesvorstellung ein Gottvertrauen

entwickeln können, das sie auch in ihren Krisenzeiten tragen kann.

Kann ein Mensch seine Hoffnung und seine Zuversicht denn auf eine abstrakte „Lebensquelle" oder auf „den Grund allen Seins" setzen? Kann er sich in seinem Leiden und in seinen Ängsten geborgen und getröstet fühlen, wenn er Gott nur als ein nicht ansprechbares „Kraftfeld" oder, wie es manche für sich formulieren, als einen „inneren Funken in sich selbst" versteht und in dieser Hinsicht an ihn glaubt? Ich muss gestehen: Ich vermag mir das weder theoretisch noch praktisch vorzustellen.

Wir vertrauen darauf, dass Gott uns Menschen wie ein liebevoller Vater ganz unmittelbar entgegenkam und auch heute immer wieder entgegenkommt. Viele Erzählungen in der Bibel laden uns dazu ein, mit Gott in einer persönlichen Beziehung zu leben. Wir glauben, dass Gott uns Menschen durch sein Wort ganz persönlich angesprochen hat. Vor allem aber glauben wir, dass sich Gott für alle Menschen in dem Menschen Jesus von Nazareth „personifiziert" hat, damit wir mit unseren menschlichen Möglichkeiten sein Wort und seinen Willen verstehen können.

Und damit wir es hören und begreifen können: Gott will mit uns in einer Beziehung leben. Jesus Christus hat uns gezeigt und gelehrt, dass wir Gott als „Vater" anreden dürfen – ich will an dieser Stelle die mir wichtige Frage nach weiblichen Gottesbildern und Gottesanreden einmal ausklammern.

Am Leben, Sterben und Auferstehen Jesu Christi kann ich für mich immer wieder neu erkennen, dass eine persönliche Gottesbeziehung einem Menschen hilft, gesegnet zu leben und getrost zu sterben – auch in Anfechtungen und in Zeiten gefühlter Gott-Ferne.

„Ich will Jesus seinen Gott glauben" – diesen Satz habe ich irgendwo gelesen und er hat mir sehr gefallen. Wir dürfen Vertrauen haben, dass Gott es so gut mit uns meint wie ein liebevoller Vater mit seinen Kindern. Jesus redet Gott mit „Abba" an. Dieser aramäische Begriff bedeutet so viel wie „lieber Vater, Papa". „Abba" ist ein Wort, das die innige Verbundenheit eines Kindes zum Vater zum Ausdruck bringt. Jesus weiß, woher er kommt und wohin er geht – von seinem Vater und zu seinem Vater. Und auch wir kommen von Gott und gehen zu Gott. Auch wir können Gott ganz persönlich im Gebet nahe sein. Gott ist auch für uns wie ein liebevoller Vater, der von uns angesprochen werden will. Er zeigt sich uns als ein Gott, mit dem Menschen in einer vertrauensvollen Beziehung leben können.

Und doch kennen und schätzen wir viele Menschen, für deren Glauben die „unpersönlichen" Gottesvorstellungen der Bibel entscheidender und wichtiger sind als die persönlichen – und damit vermenschlichten und meist vermännlichten – Gottesbilder.

Auch ihr Gottesglaube gründet sich in Bibelworten:

„Gott ist die Liebe; und wer in der Liebe bleibt, der bleibt in Gott und Gott in ihm" (1. Johannes 4,16b).

Oder:

„Der Herr ist der Geist; wo aber der Geist des Herrn ist, da ist Freiheit" (2. Korinther 3,17).

Kann Gottvertrauen also nicht auch das Vertrauen in die Liebe sein, die uns zur Weitergabe von Liebe befähigt? Oder das Vertrauen auf die Freiheit, die Gottes Geist uns schenkt?

In meinem Kopf habe ich ganz viel Verständnis für einen Verzicht auf ein Denken und Reden von Gott, das diesen als eine konkrete Person ansieht. Und ich wüsste dafür auch viele theoretisch und logisch „gute" Gründe zu nennen. Aber sobald ich danach frage, was uns Menschen in unserem Leben und Sterben wirklich tragen kann, verlieren für mich alle diese „guten" Gründe an Überzeugungskraft.

Mein Glaube ist wie deiner eine persönliche Lebensbindung und braucht die uns in der Bibel überlieferten persönlichen Gottesbilder und Gottesnamen.

Eine „Ich-Es-Beziehung" ist mir für meinen Glauben zu wenig. Ich kann meinen Glauben nur in einer „Ich-Du-Beziehung" leben. Und dabei fühle ich mich wie du an die Gottesbeziehung gebunden, die Jesus Christus uns Menschen nahegebracht hat: Er hat uns gelehrt, Gott als unseren himmlischen Vater zu lieben und zu beten „Du, unser Vater".

Das Gebet bedeutet uns deshalb weit mehr als ein Zur-Ruhe-Kommen und eine Selbstreflexion in Form eines fiktiven Gesprächs.

Ob wir allein „im stillen Kämmerlein" beten, zu zweit bei unserer privaten Morgenandacht oder in einer Gebetsgemeinschaft mit vielen Glaubensgeschwistern, ob wir selbst nach Worten suchen oder Zuflucht nehmen in vorgegebenen Gebetstexten – uns trägt die Gewissheit: Gott hört unsere Gebete! Wir sprechen nicht ins Leere.

Im Gebet erhoffen und wünschen wir uns durchaus auch die Erhörung unserer konkreten Bitten, aber unser Beten gründet sich nicht in deren Erhörung.

Unser Beten gründet sich in unserem ganz grundsätzlichen Vertrauen auf Gottes Menschennähe und Gottes Menschenfreundlichkeit. Und Vertrauen ist für uns eben weder ein Setzen auf Wahrscheinlichkeiten noch die Spekulation auf das unbedingte Eintreffen unserer Erwartungen!

Vertrauen und eben auch Gottvertrauen ist für uns ein Beziehungswort. In diesem Vertrauen und Gottvertrauen haben wir die Gewissheit:

Gott bleibt sich und uns treu.
Auch wenn er unsere Wünsche gerade nicht erfüllt.
Auch wenn wir sein Handeln gerade nicht verstehen.

Aber weil wir auf seine Treue vertrauen können, fühlen wir uns getragen und geborgen auch in unseren schweren Zeiten und in den Irrungen und Wirrungen unseres Lebens.

Diese Gewissheit hat, so finde ich, der Schweizer Theologe und Dichter Kurt Marti ganz wunderbar in einer „Du-Anrede" Gottes zum Ausdruck gebracht:

> *„DU*
> *der barmherzige*
> *der sich treu bleibt*
> *und in dessen treue*
> *auch wir*
> *durch viel irrung*

und schuld
geborgen bleiben
für immer
DU
das geheimnis des lebens
dessen wunder
wir hie und da
im spiegel einer
menschlichen zuwendung
und liebe
zu erahnen vermögen
DICH
rühmt deine gemeinde
mit ihrem
AMEN
das ist:
ES WERDE WAHR!"3

Mir gefällt die Demut, die aus diesem Gedicht spricht. Hier
wird zugestanden, dass alle unsere konkreten Bilder von Gott
im Blick auf die absolute Wahrheit Gottes nur unvollkommene
Hilfskonstruktionen bleiben. Wir Menschen können mit dem
Übertragen unserer irdischen Beziehungserfahrungen und
Beziehungssehnsüchte auf Gott letztendlich doch nur eine
Ahnung von Gott ausdrücken und vermitteln. Damit müssen
wir Menschen – auch wir Theologen – es uns in diesem Leben
genug sein lassen.

Paulus hat die uns gebotene Demut, das Fragmentarische
aller menschlichen Gotteserkenntnis hier auf der Erde anzuerkennen, ja ganz ähnlich ausgedrückt: „Wir sehen jetzt durch
einen Spiegel ein dunkles Bild; dann aber von Angesicht zu

Angesicht. Jetzt erkenne ich stückweise; dann aber werde ich erkennen, wie ich erkannt bin" (1. Korinther 13,12).

Aber Kurt Marti setzt in seinem Gedicht mit dem Bild des „Spiegels" doch auch noch einen anderen Akzent, als Paulus es in dieser Bibelstelle tut. Paulus hat bei seinem Ruf zur Demut einen antiken Spiegel vor Augen, eine Kupferscheibe, die das Gespiegelte nur in undeutlichen Konturen „dunkel" wiedergeben konnte. Kurt Marti hat unsere heutigen Spiegel vor Augen. Und ich finde seine Gedanken so tröstlich und so beglückend, dass sich Gottes Wunder in menschlicher Zuwendung und Liebe „spiegeln" können. Das ist zwar einerseits eine demütige Erkenntnis, die uns daran erinnert, dass wir nicht Gott sind und dass wir uns nicht göttliche Rechte gegenüber anderen Menschen anmaßen sollen. Andererseits aber schenkt dieser Gedanke unserer Zuwendung und Liebe eine ganz tiefe und im Wortsinn „Wunder-volle" Würde: *In unserer menschlichen Zuwendung und Liebe können Gottes Zuwendung und Liebe für andere Menschen erfahrbar werden!*

Kapitel 3
Vertrauen ist die Lebensader für eine menschenfreundliche Gesellschaft

Ich bin davon überzeugt, dass es auf dieser Welt niemals ein „goldenes Zeitalter" ohne Krisen gegeben hat oder geben wird. Auch Vertrauen und Gottvertrauen können und werden Menschen nicht vor Krisen bewahren – nicht vor persönlichen Lebenskrisen und auch nicht vor Krisen in Politik, Kirche und Gesellschaft. Und doch macht es einen großen Unterschied, ob Menschen mit oder ohne Vertrauen in einer Krise stecken und versuchen, diese zu bewältigen. Und für uns macht es darüber hinaus auch einen Unterschied, ob Menschen mit oder ohne Gottvertrauen mit Krisen konfrontiert sind – sei es im privaten oder im öffentlichen Leben.

Wenn wir mit Herz und Verstand die Bibel lesen, dann wird uns bewusst:

Gottes Wort ruft Menschen in die Verantwortung, sich nicht allein um ihr eigenes Seelenheil und privates Lebensglück zu kümmern, sondern ebenso um das Seelenheil und das Lebensglück ihrer Mitmenschen. Um Frieden, Gerechtigkeit und Barmherzigkeit in ihrem Gemeinschaftsleben.

Die Lebenskrisen anderer Menschen, die Krisen in der Politik und in der Welt dürfen uns Christinnen und Christen nicht gleichgültig sein. Es ist fatal für die Menschen, für die Kirchen und für unsere Welt, wenn persönliche Frömmigkeit und christliche Weltverantwortung gegeneinander ausgespielt werden und wenn sich Kirchen und Christenmenschen aus öffentlichen Krisen heraushalten.

Jesus Christus hat nach dem Lukasevangelium sein öffentliches Wirken auf dieser Erde mit einem Zitat des Propheten Jesaja begonnen: „Der Geist des Herrn ist auf mir, weil er mich gesalbt hat, zu verkündigen das Evangelium den Armen; er hat mich gesandt, zu predigen den Gefangenen, dass sie frei sein sollen, und den Blinden, dass sie sehen sollen, und den Zerschlagenen, dass sie frei und ledig sein sollen, zu verkündigen das Gnadenjahr des Herrn" (Lukas 4,18 f.). Jesus stellt sich damit in die Tradition der alttestamentlichen Propheten, die den unlösbaren Zusammenhang von persönlichem Gottvertrauen mit dem öffentlichen und tätigen Eintreten für Recht und Gerechtigkeit im mitmenschlichen Zusammenleben gepredigt haben.

Deshalb dürfen wir doch auch heute – in der Nachfolge Jesu Christi – Gottes Menschennähe und Gnade nicht auf die persönliche Frömmigkeit der einzelnen Gläubigen verkürzen.

Christinnen und Christen und die christlichen Kirchen sollen und müssen sich auch in das politische Geschehen und damit in die Krisen unserer Politik und Gesellschaft einmischen. Sie dürfen nicht allein danach fragen, wie sie selbst von Gott gerecht gesprochen werden und Gottes Wirken in ihrem ganz persönlichen Leben erfahren. Sie müssen auch nach Gerechtigkeit und Frieden für ihre Gesellschaft, für ihr Land und für ihre Welt fragen und suchen. Und sie müssen versuchen, Gottes Liebe und Menschennähe für andere Menschen erfahrbar zu machen, und gerade auch deshalb nach Wegen aus den vielfältigen Krisen unserer Tage suchen. Ich fühle mich dabei immer wieder neu von den Seligpreisungen inspiriert und ermutigt, die Jesus uns in seiner Bergpredigt ans Herz gelegt hat:

„Selig sind die Sanftmütigen; denn sie werden das Erdreich besitzen.

Selig sind, die da hungert und dürstet nach der Gerechtigkeit; denn sie sollen satt werden.

Selig sind die Barmherzigen; denn sie werden Barmherzigkeit erlangen.

Selig sind die Friedfertigen; denn sie werden Gottes Kinder heißen.

Selig sind, die um der Gerechtigkeit willen verfolgt werden; denn ihrer ist das Himmelreich" (Matthäus 5, 5–7.9–10).

Ich weiß, es wurde und wird immer wieder neu diskutiert, ob man mit der Bergpredigt „Politik machen" könne. Der in unserem Land hochgeehrte Alt-Bundeskanzler Helmut Schmidt hatte sich in den 80er-Jahren einmal sehr heftig dagegen ausgesprochen – anders als der spätere Bundespräsident Johannes Rau. Ich denke, es kommt bei dieser Fragestellung ganz entscheidend darauf an, was Menschen unter „Politik machen" verstehen, und natürlich auch darauf, welche Bedeutung Gottes Wort für ihr ganz alltägliches Leben hat.

Ich kann mir für mich jedenfalls nicht vorstellen, meine Lebenswelt gleichsam aufzusplitten, zum einen in einen Gott-freien realpolitischen Bereich und zum anderen in eine auf Gott bezogene private Sphäre. Und ich bin ganz sicher: *Gottes Wort ist es nach biblischem Verständnis nicht genug, die kleine private Welt der Menschen zu durchdringen. Es zielt auch auf die Herzen und Köpfe der politisch verantwortlichen Menschen in unserem Land, in Europa und in der ganzen Welt.*

Ja, die Heilige Schrift ruft uns Menschen in die Verantwortung für unser Leben *und* für unsere Welt. Beides gilt es in unserer Theologie sowie in der Verkündigung und im Handeln unserer Kirchen aufeinander zu beziehen und zusammenzuhalten. Darum habe ich mich schon vor 40 Jahren als Pfarrer in Duisburg-Rheinhausen bemüht, später dann als Präses der Evangelischen Kirche im Rheinland. Darum bemühe ich mich auch jetzt als Ratsvorsitzender der Evangelischen Kirche in Deutschland. Jesus Christus hat seine Nachfolgerinnen und Nachfolger nicht dazu aufgerufen, sich mit ihrem Gottvertrauen aus der Welt zu verabschieden, sondern „Licht der Welt" und „Salz der Erde" zu sein. Wir dürfen das Evangelium von Jesus Christus nicht zu einer weltflüchtigen Jenseitsvertröstung missbrauchen.

Die Theologin Dorothee Sölle hat uns daran erinnert, dass Christinnen und Christen gleichsam die irdischen „Hände Gottes" sind. In vielen Predigten, Bibelarbeiten, Gedichten und Meditationen mahnte und ermutigte sie ihre Glaubensgeschwister zu konkreter Weltverantwortung: „Wir dürfen uns nicht von der Ohnmacht überwältigen lassen. ‚Da kann man nichts machen' ist ein gottloser Satz."

Diese Mahnung und Ermutigung, in dieser Welt und für diese Welt nach Gerechtigkeit und Frieden zu suchen, ist auch für mich ein unverzichtbarer Bestandteil meines Gottvertrauens.

Gott hat uns nicht als Marionetten geschaffen, die nur wie an unsichtbaren Fäden in seiner Hand nach seinem Willen tanzen können oder allen himmlischen oder dämonischen Mächten hilflos und entscheidungsunfähig ausgeliefert sind. Die den Menschen in den biblischen Schöpfungsgeschichten zugesagte „Gott-Ebenbildlichkeit" deute ich so: **Wir Menschen haben von Gott die Fähigkeit und den Auftrag erhalten, uns in Freiheit und Verantwortung für unser Leben, für andere Menschen und für Gottes Schöpfung einzusetzen.**

Und Gott sei Dank lässt Gott uns in dieser Freiheit und Verantwortung nicht allein. Die Bibel bezeugt uns keinen Gott, der sich nach getaner Schöpfungsarbeit in sein himmlisches Reich zurückgezogen hätte und der bis zu einem großen Gerichtstag am Ende der Weltzeit seine Menschengeschöpfe allein vor sich hin „wurschteln" ließe.

Die Bibel gibt uns in allen ihren Büchern und Schriften ein ganz vielfältiges Zeugnis von Gottes Menschennähe und Weltverbundenheit:

Gott spricht Menschen an durch sein Wort.

Gott ruft Menschen dazu auf, in Gemeinschaft mit ihm zu leben.

Gott schenkte den Menschen seine Gebote und Weisungen.

Gott offenbarte den Menschen sein Wort und seinen konkreten Willen durch Propheten.

Und: Gott kam uns Menschen unüberbietbar nahe im Leben, Sterben und Auferstehen des Menschen Jesus von Nazareth.

An dem uns in der Bibel überlieferten Reden und Handeln Jesu können wir Menschen bis heute erkennen und lernen, wie Gottes Gebote und Weisungen in einem gelebten und tätigen Gottvertrauen zu einer Lebensader für ein menschenfreundliches Miteinander werden.

Allerdings können wir aus der biblischen Überlieferung nicht einfach – und vor allem nicht eindeutig – konkrete Verhaltensanweisungen für unser heutiges ethisches, rechtliches, wirtschaftliches und soziales Entscheiden und Handeln gewinnen.

Die Zehn Gebote etwa zielen auf eine patriarchalische Gesellschaft, in der nur die Männer als religiöse Subjekte und die Ehefrauen als „Besitz" ihres Ehemannes angesehen wurden. Deshalb gibt es beispielsweise kein Gebot für uns Frauen, dass wir nicht die Männer unserer Nächsten begehren sollen.

Und auch das Gebot „Du sollst nicht töten!" wird seit der Zeit seiner Entstehung nicht als eine eindeutige Forderung gegen die Todesstrafe und für einen absoluten Pazifismus verstanden. Ob in Israel vor der Zeit Jesu oder in den zwei Jahrtausenden unserer Kirchengeschichte: Auch gottesfürchtige Menschen suchten und begründeten immer wieder Ausnahmen von einem absoluten Tötungsverbot. Staaten benutzten und benutzen die alttestamentliche Maxime „Auge um Auge, Zahn um Zahn", um Mörder hinzurichten. Theologen formulierten Kriterien für einen „gerechten Krieg", damit auch gottesfürchtige Soldaten ihre Kriegsgegner mit einem guten

Gewissen töten können. Und der medizinische Fortschritt stellt Christinnen und Christen heute vor die Frage, ob und wie das Tötungsverbot auf menschliche Embryonen anzuwenden ist.

Das Gebot „Du sollst Vater und Mutter ehren, damit du lange lebest auf Erden" hilft nur sehr bedingt bei den konkreten politischen Fragen nach sicheren Renten und nach Gegenmaßnahmen im Blick auf die drohende Altersarmut in unserem Land. Übrigens ist auch dieses Gebot nur an erwachsene Männer und nicht etwa an Kinder gerichtet.

Auch wenn Menschen versuchen, in christlicher Verantwortung Politik zu machen und ihr politisches Entscheiden und Handeln an Gottes Geboten auszurichten, bleiben ihnen Kontroversen und Konflikte mit Glaubensgeschwistern nicht erspart. Es wird immer wieder deutlich, dass Christinnen und Christen in kontroversen Debatten nicht mit einer Stimme sprechen – und vielleicht ist auch das eine der Ursachen dafür, dass Menschen den Kirchen kaum noch Lösungspotenzial für die gegenwärtigen Krisen zutrauen.

Egal, ob es um Präimplantationsdiagnostik, Sterbehilfe, Anerkennung von homosexuellen Lebenspartnerschaften oder um konkrete Fragen der Energiewende, der Steuergerechtigkeit, des Asylrechts, der Hilfen für überschuldete Länder in der Eurozone oder der Auslandseinsätze unserer Bundeswehr geht: Es gibt keine eindeutigen christlichen Positionen, die sich widerspruchsfrei aus dem Wort Gottes ableiten ließen. Manchmal wünscht man sich, dass es einfacher wäre – dass es in den entscheidenden Fragen ein klares Ja oder Nein als Ableitung aus Gottes Wort gäbe.

Die meisten kontroversen politischen Standpunkte unserer Gesellschaft spiegeln sich auch innerhalb der christlichen Kirchen wider. Und der Kampf um das „Recht-Haben" und das „Recht-Behalten" bei den verschiedenen Standpunkten wird zwischen einzelnen christlichen Gruppierungen oft heftiger geführt als zwischen säkularen Interessengruppen und Parteien.

Ja, es ist schon allein in unserer Evangelischen Kirche in Deutschland nicht leicht, in all diesen Fragen und mit all diesen unterschiedlichen Antworten beieinanderzubleiben und die „Einheit in Vielfalt" nach außen zu bezeugen. Und es gibt auch im Protestantismus nicht wenige Gläubige, die sich manchmal zurücksehnen in Zeiten, wo „die" Kirche oder ein kirchliches Oberhaupt einfach und eindeutig formulierte, was die christliche Position in einer bestimmten Frage zu sein hatte. Der Freiheit eines jeden einzelnen Christenmenschen zu unterschiedlichen Standpunkten und Entscheidungen innerhalb und außerhalb der Kirche konkreten Raum zu geben, das macht das Leben für Christinnen und Christen in politischer Verantwortung nicht unbedingt leichter – gerade in Krisen und unsicheren Zeiten.

Ich möchte versuchen, einige konkrete Krisen unserer Tage in den Blick zu nehmen. Viele davon sind für mich im Kern „Vertrauenskrisen". Dabei kann es sicher nicht darum gehen, dass ich mich mit meiner theologischen Kompetenz als Oberlehrer, etwa für Finanzpolitiker oder Europapolitikerinnen, aufspiele. Die Zeiten, da sich die Theologie als Königin und Herrscherin über alle anderen Wissenschaften verstand, sind Gott sei Dank vorbei. Theologie und Kirche haben erkannt, dass ihnen durch Gottvertrauen und theologische Forschung weder eine absolut richtige Gotteserkenntnis zuteilwird noch absolut richtige Einsichten und Antworten für politische Fragen. Kirchen und kirchenleitende Menschen sind weder die letzte noch die beste Entscheidungsinstanz für alle konkreten politischen Fragen. Dass sie Position beziehen und ihre Stimme erheben, ist dennoch bedeutsam. Denn Schweigen ist keine Alternative, zumal es immer auch als Zustimmung gedeutet werden kann. Es gab in der Geschichte Zeiten, in denen die Kirche viel zu lange zugeschaut und geschwiegen hat. Zum Beispiel, als ein totalitärer Staat in Deutschland für sich das Recht beanspruchte, über Leben und Tod zu entscheiden. Als Schwache und Behinderte aus der Gemeinschaft ausgeschlossen, weggesperrt, getötet wurden. Und als Menschen jüdischen Glaubens allein wegen ihrer Herkunft verfolgt und ermordet wurden.

Auch wenn die Themen, über die wir heute aktuell debattieren, vielschichtig und komplex sind, auch wenn es wenigen Spezialisten vorbehalten bleibt, die Problemstellungen bis ins Detail zu durchschauen – für mich steht fest: Es braucht nicht nur die Fachkompetenz.

Es braucht ein verbindliches Wertegerüst als Grundlage unseres Handelns. Es braucht Empathie, Mitgefühl und Liebe zum Menschen. Es braucht Ehrfurcht vor Gott als dem Schöpfer und Herrn des Lebens.

Und wir brauchen mehr denn je in den politischen Entscheidungsprozessen Querdenkerinnen und Querdenker. Wir brauchen Menschen, die nicht nur auf der Basis von Logik, eigenem Vorteil und wirtschaftlichen Interessen entscheiden. Wir brauchen Menschen, für die auch Mitmenschlichkeit und die Beachtung der Würde und des Wohls aller Menschen zur Rationalität gehören.

Dabei haben einzelne Christinnen und Christen durchaus vielfältige Fachkompetenzen – auch in den Bereichen der Natur-, Finanz- und Sozialwissenschaften. Sie sind bestens ausgebildet und suchen im Diskurs mit Menschen anderer Religionen und Weltanschauungen nach lebensdienlichen und menschenfreundlichen Regelungen und Gesetzen für unser Land, für Europa und weltweit. Und die Kirchen haben fachwissenschaftliche Institute eingerichtet, die sie beraten und ihre Verlautbarungen fachwissenschaftlich absichern. Auch dabei – und nicht nur in der Auswahl und Auslegung von biblischen Texten – wird häufig offenbar, dass es eindeutige Analysen, etwa in der Ökonomie und Ökologie, nicht gibt. Auch hier gibt es „Schulen", sogar „Moden" und durchaus interessengeleitete Wortmeldungen sogenannter „Wirtschaftsweiser" oder Wirtschaftsinstitute. Wir können deshalb weder innerhalb noch außerhalb der Kirche eindeutige und widerspruchsfreie Handlungsanweisungen in Krisen entwickeln. Dennoch bringen kirchliche Spezialisten mit Blick auf das Wort Gottes mit Fug und Recht oft andere Perspektiven in den politischen Diskurs ein.

Aber belastet es dich nicht, dass wir innerhalb unserer Kirche und generell als christliche Kirchen nach außen in vielen konkreten ethischen und politischen Fragen nicht mit einer Stimme sprechen können? Gerade in einer weltanschaulich so pluralen Gesellschaft, wie wir sie inzwischen auch in Europa erleben, wäre es für die Menschen innerhalb und außerhalb der Kirchen in vielen Krisensituationen hilfreicher und überzeugender, wenn es wenigstens eindeutige und widerspruchsfreie christliche Positionierungen gäbe.

Doch, manchmal ist es für mich schon schwer, damit umzugehen und es zu akzeptieren, dass wir keine gemeinsame Position vertreten können. Ich will auch nicht nachlassen, etwa in sozialpolitischen und friedensethischen Fragen immer wieder um ein gemeinsames Wort, vor allem mit unseren römisch-katholischen Glaubensgeschwistern, zu werben. In diesen Fragen sind wir oftmals ganz nahe beieinander. Bereits im Jahr 1997 haben die Evangelische und die Katholische Kirche zur damaligen wirtschaftlichen und sozialen Lage in Deutschland Folgendes formuliert: „In der vorrangigen Option für die Armen als Leitmotiv gesellschaftlichen Handelns konkretisiert sich die Einheit von Gottes- und Nächstenliebe. ... Dabei zielt die biblische Option für die Armen darauf, Ausgrenzungen zu überwinden und alle am gesellschaftlichen Leben zu beteiligen. ... Sie lenkt den Blick auf die Empfindungen der Menschen, auf Kränkungen und Demütigungen von Benachteiligten, auf das Unzumutbare, das Menschenunwürdige, auf strukturelle Ungerechtigkeit. Sie verpflichtet die Wohlhabenden zum Teilen und zu wirkungsvollen Allianzen der Solidarität."

Angesichts der noch immer zunehmenden Spreizung der Einkommen und der wachsenden sozialen Spannungen in Deutschland und in der Europäischen Gemeinschaft ist die damalige Aussage nach wie vor ganz aktuell. Und ich hoffe sehr, dass wir in naher Zukunft dieses Statement in ökumenischer Gemeinschaft nochmals bekräftigen und auf die gegenwärtigen Fragen und Probleme hin zuspitzen können. Etwa im Blick auf die mangelnde Bildungsgerechtigkeit. Ethnische Herkunft und die Zugehörigkeit zu bestimmten sozialen Schichten bestimmen in unserem Land leider noch allzu häufig den Bildungserfolg und den gesellschaftlichen Aufstieg. Wer in einer sozial schwachen Familie aufwächst, hat es auch später in der Regel deutlich schwerer im Leben.

Wenn ich die Nachrichten verfolge und die heftigen Proteste bis hin zu gewalttätigen Auseinandersetzungen sehe, erschrecke ich oft über die massiven gesellschaftlichen Veränderungen und den wirtschaftlichen Niedergang in mehreren Ländern Europas. Und ich fürchte, dass die hohe Arbeitslosigkeit, vor allem der jungen Leute und deren Perspektivlosigkeit, diese Länder weiter destabilisieren kann. Der Euro-Rettungsschirm wird an verschiedenen Stellen aufgespannt – aber keiner weiß, ob die gemeinsamen Bemühungen am Ende von Erfolg gekrönt sein werden. Werden die Milliardenhilfen ausreichen, um den weiteren Verfall aufzuhalten? Sind die Initiativen, die in den jeweiligen Ländern ergriffen werden, wirklich ernst gemeint? Und werden sie dazu führen, dass nach zum Teil jahrzehntelanger Misswirtschaft und vielen politischen Fehlentscheidungen die Menschen neues Vertrauen schöpfen? Ein Dennoch-Vertrauen in die Politik, ein Dennoch-Vertrauen in die Wirtschaft und überhaupt ein neues Grundvertrauen, dass sie und ihr Land eine Zukunft haben, erscheinen mir dringend erforderlich. Auch hier können wir als Christinnen und Christen und als Kirchen nicht teilnahmslos zuschauen. Zum einen brauchen wir eine wirkliche Solidargemeinschaft mit den Schwachen, zum anderen politische Entscheidungen, die nicht nur

Symptome behandeln, sondern an der Wurzel der Probleme ansetzen.

Und unsere Kirchen müssen dafür werben, dass Milliardenhilfen nicht nur zur Rettung „systemrelevanter Banken" eingesetzt werden, sondern auch für die von den wirtschaftlichen Krisen am härtesten betroffenen armen Menschen.

Joachim Gauck hat uns kürzlich in einer Rede nochmals vor Augen geführt, dass die Lebensmittel, die in den Industrienationen weggeworfen oder vernichtet werden, zweimal ausreichen würden, um die Versorgung aller hungernden Menschen auf der Welt sicherzustellen.

Während wir die Wahl zwischen zahlreichen Sorten exotischer Früchte haben und Fleisch so billig ist wie nie, verhungern oder verdursten auf der anderen Seite der Erde täglich Tausende von Menschen. Wir sind stolz darauf, Jeans oder T-Shirts für weniger als 10 Euro zu erwerben. Dabei gerät völlig aus dem Blick, dass diese billige Kleidung für uns mit Hungerlöhnen und krank machenden Arbeitsbedingungen in armen Ländern erkauft ist. Um Armut zu finden, brauchen wir zudem nicht weit zu gehen. In Portugal, in Spanien, in Griechenland, in Rumänien – überall herrscht große Not. Aber auch in unserem Land ist eine Notversorgung durch „Tafeln" und kostenlose Schulfrühstücke zunehmend erforderlich.

Mit unserem Kaufverhalten, mit der Entscheidung, wo, wie und zu welchem Preis wir Urlaub machen, stellen wir selbst im Kleinen wie im Großen die Weichen – entscheiden wir mit, wie es den Menschen in den neuen Armutsvierteln Europas zukünftig gehen wird.

Christinnen und Christen und die christlichen Kirchen sind gefragt, hier gemeinsam Stellung zu beziehen und Projekte zu unterstützen, die der Verarmung entgegenwirken. In der Krise der Europäischen Gemeinschaft braucht es dringend ein entschlossenes, gemeinsames Handeln – in ökumenischer Verbundenheit, auch mit den orthodoxen Kirchen.

Das sehe ich auch so. Bei allem Bemühen um ökumenische Gemeinsamkeit in öffentlichen Verlautbarungen ist mir allerdings die von Martin Luther wieder neu entdeckte Glaubensfreiheit und Glaubensverantwortung der einzelnen Christenmenschen ein ganz hohes Gut. Auch wenn die Leitung von Kirche und die ökumenische Gemeinschaft dadurch erschwert wurden, auch wenn einzelne Gläubige diese Freiheit und Verantwortung gelegentlich als eine Last empfinden, ich kann und will nicht dahinter zurück. Für diese Freiheit zahle ich gerne den Preis vielstimmiger und vielfältiger Antworten.

Martin Luther hat übrigens mit seiner „Zwei-Reiche-Lehre" die Einheit von Glaube und Politik ganz grundsätzlich in Frage gestellt. Er wollte mit dem Evangelium nicht die Welt regieren. Martin Luther plädierte für die Unterscheidung des Reiches Christi und der Reiche dieser Welt, von Evangelium und Gesetz, von Heilsbotschaft und politischer Verantwortung.

Wer allerdings der lutherischen Zwei-Reiche-Lehre unterstellt, sie überlasse das Staatswesen ethischer Beliebigkeit und legitimiere jegliches an der Staatsraison ausgerichtete Handeln, greift sicher zu kurz. Ich verstehe Luthers dualistisches Modell eher als Hilfestellung – durchaus auch seelsorglich. Sie ermöglicht es Christinnen und Christen, die Spannung auszuhalten, die diejenigen empfinden, die in der Welt stehen, aber gleichzeitig ihre Hoffnung und ihr Vertrauen auf den Himmel gründen.

Wir Christinnen und Christen wissen uns getragen von der frohen Botschaft unserer Rechtfertigung vor Gott. Wir können und wollen uns dabei zum einen den Verheißungen der Bergpredigt und dem Gebot der Gottes- und Menschenliebe nicht entziehen.

Zum anderen aber stellen wir fest, dass wir in unserem konkreten Entscheiden und Handeln immer wieder dahinter zurückbleiben.

Dieses permanente Defizit zu ertragen, wird leichter, wenn uns klar wird, dass wir in einer noch nicht erlösten und noch der Sünde verfallenen Welt unserem Beruf nachgehen und damit an Gottes fortdauerndem Schöpfungswerk mitarbeiten. Unser Christ-Sein bewährt sich dann nicht in einer sündlosen Innerlichkeit, sondern in dem weltverantwortlichen Zeugnis:

Mit Jesus Christus ist das Reich Gottes schon in unserer Welt angebrochen. Doch weil es eben noch nicht vollendet ist, müssen auch diejenigen, die in dieser Welt auf Gottes Reich vertrauen, mit Spannungen und Widersprüchen leben und arbeiten. Diese inneren Konflikte lassen sich nicht auflösen.

Auch als Ratsvorsitzender der Evangelischen Kirche in Deutschland kann und will ich für die evangelischen Christinnen und Christen in politischer Verantwortung diese Spannungen und Widersprüche nicht auflösen. Ich kann und will ihnen ihre konkreten politischen Entscheidungen nicht vorschreiben. Aber ich führe ganz viele Gespräche mit Abgeordneten, mit Regierenden und Vertretern der Opposition, mit Gewerkschaften und Wirtschaftsverbänden, mit Nicht-Regierungsorganisationen und mit Friedens- und Umweltgruppen in unserer Kirche. Dabei stelle ich immer wieder dankbar – und manchmal sogar überrascht – fest, dass es auf allen Ebenen des politischen

Handelns und auch in allen demokratischen Parteien viele Menschen gibt, die für die konkrete Gestaltung ihrer politischen Verantwortung nach Gottes Wort und Weisung fragen.

In meinen Gesprächen mit politisch verantwortlichen Menschen versuche ich dann, deutlich zu machen, dass Gottes Wort und Gottvertrauen zwar kein „Navi", aber doch so etwas wie ein Kompass sind. Und dass dieser Kompass den Menschen Orientierung gerade auch in gesellschaftlichen Krisensituationen gibt. In diesen Gesprächen und auch in meinen Vorträgen und Predigten will ich aufzeigen, in welche Richtung die Kompassnadel meiner Ansicht nach gerade zeigt.

Etwa angesichts der aktuellen Finanz- und Wirtschaftskrise in Europa: Hier halte ich es für geboten, einem blinden Vertrauen in die finanzpolitische Elite zu widersprechen und zu widerstehen. Die kurzsichtigen Egoisten dürfen den finanzpolitischen Diskurs genauso wenig beherrschen wie die Zocker, die von Freiheit reden und ihre maßlosen Ansprüche meinen.

Ich habe kein Vertrauen zu Bankern, die hohe ethische Standards für ihr Wirken in Anspruch nehmen und gleichzeitig „toxische Papiere" in Anlagepaketen verstecken, diese gezielt anbieten und verkaufen und dann auch noch auf das Scheitern ihrer Käufer Wetten abschließen.

Das Vertrauen von Menschen zu Banken wird zerstört, wenn Geldinstitute Steuerhinterziehung begünstigen, ja geradezu organisieren. Das steht für mich auf dem gleichen ethischen Niveau wie Hehlerei – in diesem Fall Finanzhehlerei.

Vertrauen in die Verantwortlichen im Finanzwesen erodiert, wenn die Manipulation eines Zinsmaßstabes (Libor) über Jahre hinweg geradezu die Miss- oder Verachtung von Recht und Gesetz deutlich macht.

Es muss uns alle verstören, dass Menschen in der Finanzwelt ganz offensichtlich andere Maßstäbe für sich in Anspruch nehmen, als sie für „Normalbürger" im gesellschaftlichen Zusammenleben gelten – und auf deren Einhaltung wir vertrauen. Wegen der Bedeutung der Finanzindustrie für unser Leben und das Funktionieren von Wirtschaft, Staat und Gesellschaft unterhöhlen diese Vertrauensverluste auch die Stabilität der Staaten. Eine Gesellschaft, die die ökonomischen Finanzströme nicht reguliert, wird verwüsten. Wir benötigen eine Politik, die Finanzakteure so zügelt und Finanzstrukturen so steuert, dass sie nicht der Bereicherung Einzelner, sondern dem Leben vieler Menschen dient. Darauf hat der Rat der EKD schon vor einigen Jahren in seinem Text „Wie ein Riss in einer hohen Mauer" aufmerksam gemacht. Dieser Text endet mit einem Wort aus dem Buch des Propheten Jesaja:

„Brich dem Hungrigen dein Brot, und die im Elend ohne Obdach sind, führe ins Haus! Wenn du einen nackt siehst, so kleide ihn, und entzieh dich nicht deinem Fleisch und Blut! Dann wird dein Licht hervorbrechen wie die Morgenröte, und deine Heilung wird schnell voranschreiten, und deine Gerechtigkeit wird vor dir hergehen, und die Herrlichkeit des HERRN wird deinen Zug beschließen" (Jesaja 58,7 f.).

Weil unser Gott ein besonderes Augenmerk auf die Armen und Benachteiligten hat, sehe ich uns Christinnen und Christen besonders gefordert, alle politischen Entscheidungen zu hinterfragen, die nationale Eigeninteressen gegen solidarische Hilfsmaßnahmen ausspielen. Das hat in einem von Finanzkrisen und Vertrauensverlust gebeutelten Europa Konsequenzen, die jeden von uns betreffen. Solidarität ist nicht nur eine Frage der Eurostabilität, die einen Wirtschaftsverband absichert, sondern auch eine Frage des Glaubens. Christinnen und Christen bekennen Gott als Vater aller Menschen und als Herrn aller Völker. Und die Kirche Jesu Christi hat Menschen von Beginn an dazu gerufen und ermutigt, nationale Grenzen zu überschreiten. Das ruft und ermutigt Christen auch heute dazu, das „Friedensprojekt Europa" zu retten und fortzuschreiben, aber zugleich auch über den Tellerrand der europäischen Außengrenzen hinauszublicken.

Ich bin davon überzeugt, dass wir unseren Kindern und Kindeskindern nur dann eine menschenfreundliche Welt übergeben können, wenn wir Menschen es *heute* lernen, solidarisch miteinander zu leben und zu teilen. Und wenn unsere Solidarität dabei nicht an den Grenzen unseres Landes und auch nicht an den Grenzen Europas endet. Wir müssen uns als Bürger und Bürgerinnen der *einen und einzigen* Welt verstehen lernen, denn wir teilen uns die Erde als Lebensraum miteinander.

Als Kirche Jesu Christi werden wir unserem Glauben untreu, wenn wir den Menschen in den armen Ländern vollmundig vom Gottvertrauen predigen und dabei tatenlos zusehen, wie sie durch den Mangel an Brot, Wasser und medizinischer Versorgung elendig krepieren – das sind gegenwärtig mehr als 20 000 Menschen pro Tag!

Und wir werden unserem Glauben untreu, wenn wir in unserem Land die Gewissen der Menschen mit ästhetisch schön gestalteten Gottesdiensten beruhigen und tatenlos zusehen, wie jeden Tag Tonnen von Lebensmitteln im Müll landen, wie Energie verschwendet wird, wie Menschen maßlos werden im Blick auf die Absicherung und Steigerung ihres ganz persönlichen Lebensstandards.

Ich bin dankbar, dass angesichts der globalen sozialen Ungleichheit und der notwendigen Bekämpfung der weltweiten Armut der Rat der EKD und die Deutsche Bischofskonferenz im Jahr 2012 in einer gemeinsamen Erklärung eine „Ethik des Genug" gefordert haben.

Christinnen und Christen beider Konfessionen suchen nach einem nachhaltigen Lebensstil, der sich auch dafür verantwortlich weiß, dass die Armen dieser Welt *genug* bekommen, sodass sie gut leben können.

Ein rücksichtsloses Streben nach grenzenlosem Wachstum für die schon jetzt mit einem hohen Lebensstandard gesegneten Länder ist mit der uns in der Bibel bezeugten Parteinahme Gottes für Arme und Notleidende nicht vereinbar.

Wann haben wir genug? Was brauchen wir wirklich zu einem glücklichen und erfüllten Leben?

Es ist mit einem christlichen Menschen- und Weltbild schlicht nicht vereinbar, wenn reiche Industrienationen Einigungen auf Grenzwerte und Reduktionsziele bei den Welthandels- und Weltklimakonferenzen aus egoistischen Motiven verhindern.

Während die einen sich ihre schon vollen Taschen noch voller stecken, fehlt es den anderen am Notwendigsten.

Deshalb plädieren die christlichen Kirchen – gemeinsam mit vielen zivilgesellschaftlichen Akteurinnen und Akteuren – dafür, andere und neue Maßstäbe für Lebensqualität, Wachstum, Wohlstand und Bewertung von wirtschaftlichem Erfolg zu suchen und zu setzen. Solange wir allein das Brutto-Inlands-Produkt (BIP) als Maßstab für wirtschaftlichen Erfolg, Wachstum und Wohlstand in unserem Land ansehen, tragen wir zu weltweiten Fehlsteuerungen gesellschaftlicher Entwicklungen bei.

Ich würde hier gerne einmal einhaken und eine kleine Lanze für einen materiellen Wohlstand brechen. Beim Singen des Geburtstagskanons „Viel Glück und viel Segen auf all deinen Wegen, Gesundheit und Wohlstand sei auch mit dabei!" distanzieren sich ja inzwischen viele Gratulanten von dem „Wohlstand" – offensichtlich erscheint ihnen das als zu materialistisch – und wünschen und singen stattdessen „Gesundheit und Frohsinn sei auch mit dabei". Ich halte dann oft dagegen und singe und wünsche „Wohlstand" und meine damit durchaus auch materielle Güter. Ich weiß, dass die Bibel – auch in den Evangelien – den materiellen Reichtum recht kritisch sieht. In der Erzählung vom „reichen Jüngling" etwa fordert Jesus von einem Menschen, der nach dem ewigen Leben fragt und darauf hinweist, dass er schon von Jugend auf alle Gebote Gottes gehalten habe: „Es fehlt dir noch eines. Verkaufe alles, was du hast, und gib's den Armen, so wirst du einen Schatz im Himmel haben, und komm und folge mir nach!"

Der reiche Jüngling erkennt traurig, dass er dazu nicht bereit ist, und Jesus stellt fest: „Wie schwer kommen die Reichen in das Reich Gottes! Denn es ist leichter, dass ein Kamel durch ein Nadelöhr gehe, als dass ein Reicher in das Reich Gottes komme." Zum Glück für uns, die wir zwar nicht „sehr reich", aber doch gemessen an der Armutsgrenze „recht reich" sind, fügt Jesus noch einen hoffnungsvollen Schlusssatz an: „Was bei den Menschen unmöglich ist, das ist bei Gott möglich" (vgl. Lukas 18, 18-27).

Ich muss gestehen, auch ich bin nicht zu einer so radikalen Nachfolge bereit, dass ich auf persönlichen Besitz ganz verzichten wollte oder zumindest auf alles, was den normalen Lebensstandard übersteigt. Ich genieße es durchaus, manchmal *mehr* als genug zu haben und mich an dem Luxus von schönen Hotels, gutem Essen und Trinken und eigentlich überflüssigen Klamotten erfreuen zu können.

Die Radikalität der Forderung Jesu lässt mich schon erschrecken – wie damals wohl auch den reichen Jüngling und die anderen Zuhörer Jesu. Wer von uns ist schon wirklich frei von materiellen Bindungen?

Mit der Radikalität dieser Geschichte ehrlich und selbstkritisch umzugehen, das bleibt schon ein Stachel im Fleisch von gut situierten Christinnen und Christen, zu denen in unserem Land ja auch die Geistlichen der Kirchen zählen.

Du hast recht, der Stachel muss bleiben. Und wir Kirchenmenschen dürfen in unseren Predigten nichts fordern, wofür wir selbst nicht mit unserem Lebensstil einstehen. Im Blick auf die Heilige Schrift müssen gerade auch wir uns davon frei machen, unser Leben der Pflege und der Vermehrung unseres Reichtums zu widmen. Und wir müssen unseren irdischen Besitz durch Teilen in einen Schatz im Himmel verwandeln.

Aber auch selbstkritische Einsichten dürfen uns nicht hindern, „Klartext" zu sprechen: **Reichtum wird in der Bibel immer dann scharf kritisiert und verurteilt, wenn er durch Ungerechtigkeit und Ausbeutung erworben wurde, wenn er sich mit Geiz und Gier paart, wenn er den Blick für die Lebenslagen der**

Mitmenschen verstellt, wenn er also unsere Lebensbindung an Gott und unser Handeln in der Nachfolge Christi verhindert.

Wir müssen zum einen also eine selbstkritische Distanz zu unseren eigenen materiellen Bindungen bewahren. Und zum anderen darf sich unser Eintreten für die Belange der Armen nicht in gelegentlicher Fürsorge und großzügiger Mildtätigkeit erschöpfen. Christinnen und Christen sind aufgerufen, auch für eine sozialstaatliche Systematik von Recht und Gerechtigkeit einzutreten, die den sozialen Spaltungen in unserer Gesellschaft entgegenwirkt.

Es stimmt: Gottes Wort bewahrt uns Menschen nicht vor dem Erleben und Erleiden von Krisensituationen. Aber Gottvertrauen kann Menschen eine notwendige Distanz zu den Krisen dieser Welt und zu ihren eigenen Interessen in einer konkreten Krise schenken. Menschen können gleichsam einen Schritt zurücktreten, um eine neue Sicht und eine neue Perspektive auf die Krisensituation zu bekommen. Auch auf ihre eigene – persönliche oder strukturelle – Verflechtung in die Krise.

Das erlebe ich auch so. Gottvertrauen und die Bindung an Gottes Wort können Menschen Orientierung für eine menschenfreundliche Krisenbewältigung schenken und die Einsicht wachsen lassen: Wir müssen eine Vertrauenskultur für unser Zusammenleben entwickeln, die nicht unsere je eigene Nationalität, Tradition, Religion oder Weltanschauung zur Voraussetzung hat oder zur Bedingung macht.

Unser Gottvertrauen verlangt nach einer Vertrauenskultur, die Fremdes nicht grundsätzlich mit Misstrauen belegt, sondern die Selbstdistanz und Veränderungsbereitschaft bei allen fördert.

Noch immer und immer wieder erleben wir Fremdenfeindlichkeit, Rassismus und Antisemitismus in unserem Land. Auch eine wachsende Erinnerungskultur, die sich mit den Verbrechen des Nationalsozialismus auseinandersetzt, hat es bisher nicht vermocht, menschenfeindliche Gedanken, Worte und Taten von wieder erstarkenden „Neonazis" zu verhindern. Bei dem Widerspruch und Widerstand gegen Fremdenfeindlichkeit geht es uns als Christinnen und Christen in gleicher Weise um demokratische Rechtsstaatlichkeit, um das Grundrecht der Menschenwürde und um Gehorsam gegenüber Gottes Wort.

Gottes Wort schärft unseren Blick dafür, was Menschen in unsicheren Zeiten wirklich trägt:

Nicht die Verabsolutierung der eigenen Traditionen und Überzeugungen, nicht militärische Stärke oder materielle Reichtümer, sondern das Festhalten an Gottvertrauen und Menschenliebe in allen persönlichen und politischen Krisenzeiten.

Du hast im Blick auf Jesus Christus gesagt, dass gelebtes und tätiges Gottvertrauen zu einer Lebensader für ein menschenfreundliches Miteinander werden kann. Ich möchte diesen Satz verallgemeinern und zuspitzen: **Vertrauen ist die Lebensader für eine menschenfreundliche Gesellschaft!**

Die gegenwärtigen Krisen in unserem Land, in Europa und in der Welt lassen sich nicht lösen, ohne dass ein Dennoch-Vertrauen von Menschen wieder neu geweckt und gestärkt wird.

Und dafür haben die von dir schon zitierten Seligpreisungen Jesu tatsächlich bis heute eine wegweisende Kraft. Auch für mich sind sie unverzichtbar für das „Politik-Machen" und „Politik-Begleiten" in christlicher Verantwortung. Denn in den Seligpreisungen beschreibt Jesus Christus die Lebenshaltung und die Lebensausrichtung, die das öffentliche Auftreten unserer Kirche sowie das Entscheiden und Handeln von Christinnen und Christen in politischer Verantwortung prägen sollen. Die Seligpreisungen rufen Menschen in die verantwortungsvolle Freiheit, die ihnen im Vertrauen auf Gottes Wort zuteilwird.

Das Vertrauen auf Gottes Wort schenkt Menschen die Freiheit, sich nicht länger im Besitz von elitären Gotteserkenntnissen und absoluten Wahrheiten wähnen zu müssen. Wir können immer wieder neu nach Gottes Wort und Willen für uns und für unsere Welt fragen und suchen, denn Jesus sagt uns zu: *„Selig sind, die da geistlich arm sind; denn ihrer ist das Himmelreich."*

Das Vertrauen auf Gottes Wort macht Menschen davon frei, menschliches Leid als göttliche Strafe oder als Gottesferne deuten zu müssen. Wir können darauf vertrauen, in Freud und Leid bei Gott geborgen zu sein, denn Jesus sagt uns zu: *„Selig sind, die da Leid tragen; denn sie sollen getröstet werden."*

Das Vertrauen auf Gottes Wort macht Menschen frei von dem Drang, ihre eigenen Interessen rücksichtslos und mit Gewalt durchzusetzen. Wir können mit Geduld und mit sanftem Mut für Recht und Frieden und die Bewahrung der Schöpfung eintreten, denn Jesus sagt uns zu: *„Selig sind die Sanftmütigen; denn sie werden das Erdreich besitzen."*

Das Vertrauen auf Gottes Wort schenkt Menschen die Freiheit, vorgefundene Traditionen und menschenfeindliche Machtstrukturen zu hinterfragen. Wir müssen uns mit Unrecht und Gewalt nicht abfinden, denn Jesus sagt uns zu: *„Selig sind, die da hungert und dürstet nach der Gerechtigkeit; denn sie sollen satt werden."*

Das Vertrauen auf Gottes Wort befreit Menschen von der Faszination ihrer Sinne durch Reichtum, Ruhm und Macht. Wir können unsere Herzen, unsere Augen und unsere Hände gegenüber den Benachteiligten und Notleidenden öffnen, denn Jesus sagt uns zu: *„Selig sind die Barmherzigen; denn sie werden Barmherzigkeit erlangen."*

Das Vertrauen auf Gottes Wort schenkt Menschen die Freiheit, ihr Vertrauen auch in Krisen und unsicheren Zeiten durchzuhalten. Wir müssen uns unser Vertrauen nicht durch schlechte Erfahrungen, Missbrauch und Negativprognosen zerstören lassen, denn Jesus sagt uns zu: *„Selig sind, die reinen Herzens sind; denn sie werden Gott schauen."*

Das Vertrauen auf Gottes Wort befreit Menschen aus dem Teufelskreis von Gewalt und Gegengewalt. Menschen konnten und können Vergebung der Rache und Vertrauen dem Misstrauen entgegensetzen, denn Jesus sagt uns zu: *„Selig sind die Friedfertigen; denn sie werden Gottes Kinder heißen."*

Das Vertrauen auf Gottes Wort schenkt Menschen die Freiheit, um der Liebe willen auch Verzicht zu leisten und persönliche Nachteile in Kauf zu nehmen, denn Jesus sagt uns zu: *„Selig sind, die um der Gerechtigkeit willen verfolgt werden; denn ihrer ist das Himmelreich."*

Kapitel 4
Vertrauen verlangt nach Transparenz

Aus meiner Sicht krankt das öffentliche Reden, Entscheiden
und Handeln von Menschen zuweilen daran, dass manche
der dort Agierenden das Zusammenwirken von Vertrauen
und Verantwortung und vor allem das Zusammenwirken von
eigenem Vertrauen und gefordertem Vertrauen nicht authentisch und glaubwürdig vermitteln. Wir Menschen suchen
aber – besonders in unsicheren Zeiten – hinter den öffentlichen Worten und Taten auch eine persönliche Authentizität
und Glaubwürdigkeit der Redenden und Handelnden. Ein
glaubwürdiges und Vertrauen weckendes politisches Reden
und Handeln war und ist für mich gebunden an glaubwür-
dige und Vertrauen weckende Persönlichkeiten.

Und das gilt meines Erachtens ganz besonders für die
Repräsentanten und Entscheidungstragenden in den Kirchen.
Die Botschaft von der Menschennähe und Menschenliebe
Gottes kann doch gar nicht glaubwürdig „rüberkommen",
wenn das „kirchliche Personal" keine Menschennähe und
Menschenliebe ausstrahlt. Wenn Pfarrerinnen und Priester
Barmherzigkeit fordern, selbst aber gnadenlos über andere
Menschen urteilen. Wenn Kirche-leitende Personen in Gottes

Namen die Solidarität mit den Armen und Benachteiligten der Welt einfordern, sich selbst aber mit Luxus umgeben.

Wie will eine Kirche überzeugend zum Gottvertrauen einladen, wenn ihre Mitarbeiterinnen und Mitarbeiter nicht selber aus diesem Vertrauen leben oder wenn sie durch ihr persönliches Auftreten sogar das Vertrauen anderer Menschen zerstören?

Ich kann und will hier nicht fordern, dass alle öffentlich auftretenden und handelnden Menschen in der Politik und in den Kirchen unfehlbar sein müssen.

Zum Maß des Menschlichen gehört, dass Menschen fehlbar sind, auch Christinnen und Christen. Die Taufe macht uns nicht zu perfekten und makellosen Menschen, sondern sie vertraut uns der Gnade und Vergebung Gottes an. Martin Luther hat das sehr treffend so ausgedrückt: „Der alte Adam (ich ergänze: und die alte Eva) in uns muss auch nach unserer Taufe täglich neu ersäuft werden."[1] Das Ausschalten von selbstsüchtigen und zerstörerischen Kräften in uns Menschen geschieht nach Martin Luther durch „Reue und Buße", also durch Einsicht in eigenes liebloses und schuldhaftes Handeln, durch die Bitte um Vergebung, durch aufrichtige Veränderungsbereitschaft und durch neues Handeln.

Ich bin davon überzeugt: Das Vertrauen in die Politik und in die christlichen Kirchen wird nicht dadurch zerstört, dass die dort Agierenden Fehler machen. Aber es wird zerstört, wenn die Einsicht in eigenes Fehlverhalten bei den handelnden Personen nicht vorhanden ist. Und wenn Transparenz und Aufrichtigkeit beim Umgang mit gemachten Fehlern vermisst werden. Verschweigen, Vertuschen und „Unter-den-Teppich-Kehren" zerstören Vertrauen.

Es gibt Alltagsweisheiten, die meiner Erfahrung und meiner Überzeugung widersprechen. Das Sprichwort „Die Zeit heilt alle Wunden" gehört dazu.

Ich merke zum Beispiel immer wieder neu, dass die Zeit gar nicht in der Lage ist, die Wunde zu heilen, die der Tod unserer Tochter Meike meinem Herzen zugefügt hat. Auch acht Jahre „danach" ist diese Wunde nicht zu einer oberflächlichen Narbe geworden. Ich vermisse Meike in meinem Leben und im Leben unserer Familie. Ich bin immer wieder neu traurig, dass ich nicht erleben kann, wie Meike ihr Leben als Erwachsene gestaltet, wie sie ihre Kreativität und ihre vielfältigen Begabungen und Interessen einbringt für die Gestaltung unserer Gesellschaft und Kirche, wie sie vielleicht selber Kinder großzieht, wie sie als ein „Licht Gottes" – so hat sie es sich in ihrem Tagebuch gewünscht – unsere Welt und auch mein Leben erhellt. Nein, die Zeit *heilt* diese Wunde nicht. Die Zeit lehrt mich nur, mit dieser Wunde zu leben.

Und genauso, denke ich, kann die Zeit auch nicht alle Wunden heilen, die ein zerstörtes Vertrauen den Herzen von Menschen zufügt. Dieser Einsicht musstest du dich in deiner Kirche-leitenden Funktion stellen, als in den letzten Jahren viele „alte" Geschichten von körperlichen und seelischen Misshandlungen und von sexualisierter Gewalt an Kindern und Jugendlichen in kirchlichen Einrichtungen an den Tag kamen. Auch nach Jahrzehnten leiden die inzwischen erwachsen gewordenen Menschen noch an diesen Wunden – selbst wenn die äußeren Zeichen der Misshandlungen vernarbt sind.

Und die Wunden, die das zerstörte Vertrauen damals in viele Kinderherzen geschlagen hat, sind jetzt ein Grund dafür, dass das Vertrauen von Menschen in die christlichen Kirchen gestört ist. Kirchliche Mitarbeiterinnen und Mitarbeiter, auch Pfarrer und Priester, haben vor Jahrzehnten Vertrauen missbraucht – das Vertrauen von Kindern und das Vertrauen von Eltern, die ihre Kinder kirchlichen Einrichtungen anvertraut haben. Nach der Aufdeckung dieses „Missbrauch-Skandals" sahen sich die Kirchen einer tiefen Vertrauenskrise ausgesetzt.

Hier auf „heilende" Kräfte der Zeit zu hoffen, also nach dem Motto „Augen zu und durch" darauf zu warten, dass Taten verjähren und Täter sterben, dass Opfer resigniert aufgeben und dass das Medieninteresse erlischt, hätte neues Vertrauen in die Kirchen und in kirchliche Einrichtungen kaum wachsen lassen.

Einsicht und Reue, Aufklärungswille und Veränderungsbereitschaft sowie transparente Verfahren für die Öffentlichkeit und vor allem für die Opfer waren und sind notwendig, damit Menschen neues Vertrauen in ihre Kirche, in kirchliche Einrichtungen und in kirchliche Amtsträgerinnen und Amtsträger wagen.

Ich stimme dir zu. Leib und Seele der Opfer von Gewaltpädagogik und sexualisierter Gewalt werden erneut verletzt, wenn ihre Klagen und ihre Anklage totgeschwiegen werden. Menschen und Institutionen laden gleichsam eine „zweite Schuld" auf sich, wenn sie Opfer nicht zu Wort kommen lassen und Täter decken. Gott sei Dank ist in den letzten Jahren die Einsicht in diese „zweite Schuld" gewachsen – auch in den christlichen Kirchen. Die Förderung dieser Einsicht verdanken wir nicht zuletzt auch den Journalistinnen und Journalisten, die

Opfergeschichten sorgfältig recherchiert und veröffentlicht haben. Als Präses der Evangelischen Kirche im Rheinland habe ich mit Schrecken feststellen müssen, welche Übergriffe auch mitten in unserer Kirche geschehen sind. Auch in den von unserer Kirche betriebenen Einrichtungen wurden die Rechte und die Würde von Schutzbefohlenen verletzt, wurde viel Vertrauen zerstört.

In den letzten Jahren haben sich viele Menschen gemeldet, die Opfer von sexualisierter Gewalt geworden sind. Ich bin dankbar, dass Menschen ihr Schweigen brechen – damit helfen sie auch unserer Kirche, ihre Schuldverstrickungen zu erkennen und neue, transparentere Wege im Umgang mit den Vorfällen zu gehen.

Die Evangelische Kirche im Rheinland hat seit dem Jahr 2003 klare Regeln, wie mit solchen Fällen umgegangen werden soll. Sie sehen sowohl Begleitung und therapeutische Hilfe für die Betroffenen vor wie auch konsequente strafrechtliche und disziplinarische Verfolgung der Täter. Im Jahr 2011 haben wir eine zusätzliche Stelle in der Evangelischen Hauptstelle für Familien- und Lebensberatung geschaffen, die sich mit der Aufbereitung und Bewältigung des geschehenen Unrechts befasst. Ich bin davon überzeugt, dass nur Transparenz in unserem Umgang mit dieser Schuld Vertrauen wieder neu wachsen lassen kann.

Der Film „Das weiße Band" hat mir erschreckend vor Augen geführt, dass es auch in der Bibel Gottesvorstellungen gibt, die zur Legitimation von Gewaltpädagogik genutzt werden können und leider Gottes auch benutzt wurden. Ich denke etwa an die Verse aus dem Hebräerbrief:

„Denn wen der Herr lieb hat, den züchtigt er, und er schlägt jeden Sohn, den er annimmt. Es dient zu eurer Erziehung ..., denn wo ist ein Sohn, den der Vater nicht züchtigt?" (Hebräer 12,6f.).

Das sind für mich Verse, die das Evangelium von Gottes Gnade und Menschenliebe verdunkeln.

Kein Mensch hat das Recht, im Namen Gottes Gewalt auszuüben.

Wer immer Gewalttätigkeit als ein „Liebe-volles" Erziehungsmittel versteht, der hat von göttlicher und menschlicher Liebe nichts verstanden.

Wer immer seine eigene Gewalttätigkeit damit legitimiert, die strafende Hand Gottes zu sein, der lästert Gott.

Wie du es schon beschrieben hast, gehört es zu den grundlegenden Erfahrungen auch von uns Christenmenschen, dass wir uns oft anders verhalten, als wir es eigentlich wollen. Widerstreitende Interessen, Bedürfnisse, Wünsche und Gefühle in uns selbst führen dazu, aber häufig auch Erwartungen anderer Menschen, die uns gegen unsere Überzeugungen handeln lassen. Der Apostel Paulus hat diese Erkenntnis in seinem Brief an die Gemeinde in Rom so beschrieben: „Denn ich tue nicht, was ich will; sondern was ich hasse, das tue ich" (Römer 7,15). Die Zerrissenheit zwischen unserem Wollen und Handeln kennzeichnet unser Menschsein, selbst dann, wenn wir bewusst in der Nachfolge Jesu Christi leben wollen. Diese Einsicht sollte uns davor bewahren, gleichsam „von oben herab" den Stab über Menschen zu brechen, die Fehler begangen und Unrecht getan haben. Weil wir alle, auch unsere Kirchen, davon leben, dass Gott nicht den Stab über uns bricht, sondern uns in Jesus Christus den Weg zu Vergebung, Buße und Umkehr gezeigt hat, sollen auch wir anderen vergeben und Neuanfänge zugestehen.

Du hast einen unlösbaren Zusammenhang von Vertrauen in politisches Handeln mit einem Vertrauen in die politisch Handelnden konstatiert. Dazu möchte ich noch einige Anmerkungen machen. Unsere Demokratie beruht meines Erachtens auf einer institutionellen Vertrauensbasis, die zunächst von Personen unabhängig ist. Aber alle politisch Handelnden haben ihren Anteil daran, dass die Vertrauensgrundlagen der Demokratie bewahrt und gepflegt werden – vorrangig Mitglieder, Vertreterinnen und Vertreter von Parteien, Gewerkschaften, Verbänden, Parlamenten und Regierungen.

Vielen Menschen ist heute durch die Art und Weise, wie politisch mit der Finanz- und Wirtschaftskrise umgegangen wird, Zukunftsgewissheit abhandengekommen. Darunter leidet das Zutrauen zur Demokratie. In den Diskussionen um den Wert und die Überzeugungskraft demokratischer Systeme und Institutionen müssen deshalb auch die Fragen nach Beteiligungs- und nach Verteilungsgerechtigkeit angesprochen und bedacht werden. Das Vertrauen in unsere Demokratie und das persönliche Vertrauen zu unseren Politikerinnen und Politikern hängt meiner Ansicht nach ganz wesentlich damit zusammen, wie Nöte und Wohlergehen der Einzelnen und des Gemeinwesens in den Blick genommen werden. Und wie dann anschließend auch ganz konkret und konstruktiv gehandelt wird. Die tätige Verantwortung für das Gemeinwesen braucht den Blick auf die Einzelnen und deren tägliche Sorgen.

Ein nachhaltiges Vertrauen in unsere Demokratie kann nur wachsen, wenn Politikerinnen und Politiker die offensichtlichen Probleme nicht verharmlosen und schönreden. Dazu braucht es Vertrauen und Transparenz. Die meisten Menschen sind nicht so dumm, dass sie auf verschleiernde Worte und leere Wahlversprechen hereinfallen. Sie wünschen sich Politikerinnen und

Politiker mit einem realistischen Blick für unsere gegenwärtigen Krisen und zugleich mit der Kraft, in ihnen authentisch zu bleiben und nach menschenfreundlichen und gemeinschaftsgerechten Lösungen zu suchen.

Der Rat der EKD und die Deutsche Bischofskonferenz haben im Jahr 2006 in einem gemeinsamen Wort mit dem Titel „Demokratie braucht Tugenden" formuliert: „Die Kirchen werden auch in Zukunft für die freiheitliche Demokratie des Grundgesetzes eintreten, weil diese in besonderer Weise dem christlichen Menschenbild entspricht.... Dieses Bild vom Menschen ist dadurch bestimmt, dass der Mensch zu freier Entscheidung fähig ist und zugleich immer in solidarischer Verbundenheit mit anderen lebt."[11]

„Vertrauen verlangt nach Transparenz" – das bedeutet für mich in diesem Zusammenhang: Ich kann und will nur einer Politik und politisch verantwortlichen Menschen vertrauen, die in ihrem Reden und Handeln „durchscheinen" lassen, dass sie Freiheit und Solidarität zusammendenken und nach Lösungen suchen, die nicht die Freiheit der Einzelnen gegen ein solidarisches Miteinander ausspielen.

Kapitel 5
Vertrauen und Verstand
sind keine feindlichen Brüder

Bringt das Wort „Vertrauen" bei dir eigentlich nur positive Erfahrungen und Gefühle zum Klingen? Oder denkst du, wenn du das Wort Vertrauen hörst, unwillkürlich auch an enttäuschtes Vertrauen? Also auch an Menschen, die dein Vertrauen missbraucht haben? Und auch an Situationen, in denen du zu vertrauensselig warst, in denen du zu schnell und zu leichtfertig jemandem dein Vertrauen geschenkt hast?

Solche Negativ-Erfahrungen und -Gefühle klingen in mir unwillkürlich und spontan eigentlich nur dann an, wenn mein Vertrauen gerade erst enttäuscht worden ist. Ansonsten fallen sie mir nur bei einem intensiveren Nachdenken oder bei einer gezielten Nachfrage, wie jetzt von dir, ein.

Ganz offensichtlich haben all die negativen Erfahrungen mit enttäuschtem und missbrauchtem Vertrauen mein Grundvertrauen zu anderen Menschen und auf Gott nicht abschwächen und schon gar nicht zerstören können.

Bei längerem Nachdenken fallen mir dann natürlich einige Situationen ein, in denen ich zu schnell und zu leichtfertig auf ein gesprochenes Wort oder auf ein erhofftes richtiges Handeln anderer Menschen vertraut habe.

Doch mir wird bei einem kritischen und selbstkritischen Rückblick schnell klar, dass an meiner Enttäuschung häufig meine Vertrauensseligkeit schuld war, nämlich das Ausschalten meines Verstandes.

Ich hatte manchmal einfach keine Energie oder keine Zeit, mich selbst mit einer Situation oder mit einem Problem sachgerecht, mit der entsprechenden Mühe und mit dem notwendigen Zeitaufwand auseinanderzusetzen. In diesen Situationen gab ich meine Verantwortlichkeit vorschnell ab. Ich „schenkte" einem anderen Menschen mein Vertrauen, um das Problem einfach und schnell loszuwerden.

Damit du es richtig verstehst:

Ich bin durchaus dafür, Verantwortung zu delegieren. Ich könnte weder in meinen privaten Beziehungen noch in meinem beruflichen Umfeld sinnvoll leben und arbeiten, ohne Verantwortlichkeiten vertrauensvoll an andere Menschen abzutreten. Menschen sind zum Vertrauen unfähig – und, ich glaube, damit auch in ihrer Persönlichkeit „geschädigt" –, wenn sie alles allein regeln, entscheiden und verantworten wollen.

Mir geht es hier aber um ein Schönreden der eigenen Denkfaulheit oder Bequemlichkeit beziehungsweise der eigenen Entscheidungsunwilligkeit, nicht um „gewagtes Vertrauen" im positiven Sinne.

So ein Schönreden findet meines Erachtens dann statt, wenn ich wider besseres Wissen einem Bauchgefühl folge, das mir einflüstert: „Lass das doch andere machen und entscheiden.

Du hättest sonst viel zu viel Arbeit damit und könntest dir eventuell sogar deine Finger daran verbrennen." Und wenn ich dann ohne intensiveres Nachdenken zu jemand anderem sage: „Mach du das. Ich vertraue dir, du wirst das schon gut und richtig machen!"

Nicht alle, aber doch einige meiner Vertrauens-Enttäuschungen sind auf solch ein vorschnelles und falsches Abtreten der eigenen Verantwortlichkeit zurückzuführen.

Ich denke, es ist ganz wichtig, dass wir uns bewusst machen: **Vertrauen darf nicht nur ein Bauchgefühl sein. Unser Vertrauen darf unseren Verstand nicht ausschließen oder ausschalten!**

Das Problem, Gefühle und Verstand für alle Bereiche des Lebens in einer angemessenen Weise zusammenzuhalten, hat mich besonders in den „frauenbewegten" und „Frauenbewegenden" 70er- und 80er-Jahren des letzten Jahrhunderts theoretisch und praktisch umgetrieben. So rief die Theologin Susanne Heine im Jahr 1987 in ihrem Buch „Wiederbelebung der Göttinnen? Zur systematischen Kritik einer feministischen Theologie" ihre Mitstreiterinnen dazu auf, der „Kopflosigkeit des Herzens" in ihrem theologischen Denken und Reden zu widerstehen.

Christliche Theologie dürfe nicht zu einer Gefühlsduselei verkommen. Auch wenn Frauen Theologie treiben – also über Gottes Wort und Willen reden und schreiben –, dürften sie ihr Denken und Verstehen-Wollen nicht ausschalten. So berechtigt der Vorwurf von Frauen an die Männertheologie der letzten Jahrhunderte auch ist, dass sie einer „Herzlosigkeit des Kopfes" Vorschub geleistet hat – Frauen sollten mit ihrer Theologie jetzt nicht einer Einseitigkeit mit umgekehrten Vorzeichen Vorschub leisten. Wenn christliche Theologie den Glauben als eine umfassende Lebens-Beziehung zu Gott versteht und einen solchen Glauben reflektieren und ermöglichen will, dann müssen Theologinnen *und* Theologen ihr Herz *und* ihren Kopf bemühen und sprechen lassen. Nur dann wird ihr theologisches Reden auch das Herz *und* den Kopf von Männern *und* Frauen erreichen können.

Mich hat dieses Buch damals sehr angesprochen. Ich möchte meinen Verstand nicht ausschalten, nicht bei meinem Glauben an Gott, nicht bei meinem Lieben und eben auch nicht bei meinem Vertrauen.

Mir geht es übrigens wie dir. Ganz oft, wenn ich unter dem Eindruck leide, da hat jemand mein Vertrauen enttäuscht, wird mir bei längerem Nachdenken klar: Ich hätte eigentlich länger und intensiver nachfragen und nachdenken müssen. Ich hätte nicht so schnell versuchen sollen, eine mir lästige Problemsituation mit dem Satz: „Na gut, ich vertraue dir" zu beenden.

Mir ist das mehrfach in meinem Schulalltag als Klassenlehrerin passiert. Wenn ein Kollege oder eine Kollegin sich über das Verhalten von einem „meiner" Schüler beschwert hat. Und wenn es dann meine Aufgabe war, den Tatbestand zu erheben und Klassenkameradinnen und Klassenkameraden des Beschuldigten zu befragen, um dann eine geeignete Disziplinarmaßnahme zu verfügen.

So etwas war mir immer total unangenehm.

Und dann habe ich wohl so manches Mal meinen Verstand abgeschaltet und den wort- und manchmal auch tränenreich vorgebrachten Beteuerungen der Schülerinnen und Schüler vorschnell geglaubt und vertraut.

Wenn dann später herauskam, dass Schüler mich angelogen hatten, habe ich mich selbst damit gerechtfertigt, dass ich schließlich nicht bei der Kripo sei und dass ich mir das Vertrauensverhältnis zu „meinen" Schülerinnen und Schülern einfach nicht habe zerstören wollen.

Aber in Wahrheit war ich in solchen Situationen oft nur zu bequem und zu konfliktscheu, um intensiver nachzuhaken und konsequenter nachzudenken. Meine Rede von „Vertrauen wagen" war da wohl gelegentlich eine recht billige Ausrede für das Aussetzen meines Verstandes. Es ist mir ganz wichtig festzuhalten: *Nicht nur im theologischen Denken und Reden, sondern gerade auch im Umgang mit den Menschen, die uns anvertraut sind, kommt es sehr wohl darauf an, dass wir auch bei gegenseitigem Vertrauen unseren Kopf und unser Herz zusammenhalten.*

Bei unserem Nachdenken über die Gefahren einer kopflosen Vertrauensseligkeit habe ich die Schlange Kaa aus dem wunderbaren Zeichentrickfilm „Das Dschungelbuch" von Walt Disney vor Augen.

Mogli, ein Menschenjunge, hat im Dschungel zehn Jahre lang bei einer Wolfsfamilie gelebt und soll jetzt von dem Panther Baghira zu einer Menschensiedlung gebracht werden. Als die beiden unterwegs eine Rast machen und Baghira einschläft, versucht die Riesenschlange Kaa, den Jungen Mogli mit einem Vertrauenslied zu hypnotisieren. Sie blickt Mogli unverwandt in die Augen und singt scheinbar treuherzig und mit einer einlullenden Stimme: „Hör auf mich, glaube mir, Augen zu, vertraue mir." Und man sieht, wie Mogli dabei ist, seinen Verstand zu verlieren und sich ganz vertrauensselig fallen zu lassen.

Zum Glück für ihn und zur Erleichterung von uns Zuschauenden wird Baghira wach und erkennt die Gefahr, bevor die Umarmung der Schlange für Mogli zu einer todbringenden Umklammerung wird.

Ich finde, diese Episode aus dem Zeichentrickfilm kann auch uns Erwachsenen neu klarmachen: **Vertrauensseligkeit kann zerstörerisch und sogar tödlich sein, wenn Menschen sich auf schmeichlerische und betörende Töne einlassen und dabei ihren Verstand verlieren oder ausschalten.**

Das gilt auch für den Bereich des religiösen und pseudoreligiösen Glaubens und Hoffens. Wie oft erleben wir, dass ganz vernünftige Menschen ihren Verstand ausschalten und sich fragwürdigen Methoden und Mitteln von angepriesenen Wunderheilern anvertrauen, weil sie mit der Diagnose einer schweren Krankheit konfrontiert wurden. Wenn diese angeblichen Wundermittel nicht als Ersatz und in Konkurrenz zu einer kompetenten medizinischen Behandlung gesehen werden, mag es ja noch angehen. Dann wird dabei ein Stück Hoffnung – häufig leider trügerische Hoffnung – nur sehr teuer erkauft.

Wenn Menschen sich aber, etwa bei einer Krebserkrankung, allein auf dubiose Heilwässerchen und magische Rituale verlassen und alle ärztlichen Beratungen und Behandlungen verweigern, dann verlieren sie wohl nicht nur ihr Geld, sondern oft auch kostbare Lebenszeit. Und sie setzen damit ihr Grundvertrauen aufs Spiel, denn sie werden erfahren: Magische Rituale und okkulte Praktiken können uns in unsicheren Zeiten und in den Grenzsituationen unseres Lebens nicht wirklich tragen.

Ich denke, es ist in allen Bereichen des Lebens – besonders aber in den Fragen und Entscheidungen, die uns ganz existenziell betreffen – unerlässlich, dass Menschen Vertrauen nicht als einen Gegensatz zu einem vernünftigen Nachfragen und Nachdenken verstehen.

„Vertrauen ist gut – Kontrolle ist besser", das ist als Maxime Lenins überliefert. Damit leistet er meines Erachtens einem falschen Vertrauensverständnis Vorschub. Vertrauen wird hier zu einem „blinden" Gefühl verkürzt, das letztendlich untauglich ist, um wichtige persönliche oder politische Entscheidungen zu treffen.

Für mich bedeutet Vertrauen aber keinesfalls den Verzicht auf Verstand und Kontrolle. Das gilt im privaten, im beruflichen und im politischen Leben. Wenn ich etwa die Hausaufgaben unserer Kinder kontrolliert habe, hieß das doch nicht, dass ich kein Vertrauen zu ihnen hatte. Und ich lasse mir das Vertrauen zu meinen Mitarbeiterinnen und Mitarbeitern im Landeskirchenamt nicht absprechen, wenn ich ihre Arbeitsergebnisse überprüfe. Ebenso kann und will ich bei politischen Wahlen Politikerinnen und Politikern nicht einfach gefühlsmäßig vertrauen und ihnen meine Stimme geben, ohne mit meinem Verstand zu prüfen, ob und inwieweit sie in den vergangenen Jahren ihre Wahlversprechen eingehalten haben.

Wenn jemand behauptet, Kontrolle und Prüfverfahren töten das Vertrauen, dann idealisiert er damit eine Vertrauensseligkeit, die weder alltags- noch politiktauglich ist. Und er hat auch nicht verstanden, dass ein Abwägen mit kritischem Verstand das Vertrauen als Grundlage einer Beziehung nicht zerstört.

Ich möchte das hier einmal so zuspitzen: **Nicht eine vernünftige und sachlich angemessene Kontrolle ist das Ende eines vertrauensvollen Zusammenlebens, sondern ein blindes Vertrauen, das die Augen vor der Wirklichkeit verschließt.**

71

Ganz besonders gilt das in kriegerischen und in terroristischen Auseinandersetzungen verfeindeter Völker oder Bevölkerungsgruppen.

Ob und wie Menschen in Situationen von Krieg, Terror und Gewalt ihren Feinden gegenüber überhaupt *vertrauensvoll* leben und handeln können, das will ich hier nicht beurteilen, da ich einem Krieg und terroristischen Anschlägen niemals unmittelbar ausgesetzt war. Ich meine, ein „Dennoch-Vertrauen" in Zeiten der Gewalt soll und kann von Außenstehenden weder gefordert noch beschrieben werden.

Anders aber ist es mit dem Postulat des notwendigen Zusammenhangs von Vertrauen und Verstand im öffentlichen Handeln von Entscheidungsträgerinnen und Entscheidungsträgern. Wenn wir Menschen es schaffen würden, gerade auch bei unserem öffentlichen Entscheiden und Handeln, Vertrauen und Verstand zusammenzuhalten, dann gäbe es vielleicht weniger Vertrauenskrisen in unserer Gesellschaft, in unserer Welt und auch in unseren Kirchen. So versuche ich selbst, auch dann, wenn es anstrengend wird, immer wieder nachzufragen, neu zu verstehen, tiefer zu blicken.

Das Zusammenhalten von Vertrauen und Verstand ist also ein Akt der Krisenprävention.

Das sollten wir uns auch klarmachen, wenn wir gegenüber öffentlichen Personen zunächst eine unkritische Bewunderung und Begeisterung an den Tag legen. Und wenn wir dann – genauso unkritisch – über Vertrauenskrisen lamentieren, nur weil Medien uns – oft sehr unbarmherzig – von Schwächen und Fehlverhalten dieser Personen berichten.

Ich sage das jetzt auch selbstkritisch an meine eigene Adresse: Der Wunsch nach „Märchenprinzen" und „Glamourpaaren" im öffentlichen Leben unserer Republik treibt so manche Blüte, die unseren Verstand umnebelt. Menschen lassen sich nur zu gern „einlullen" von herzerwärmenden Bildern und Berichten über Hoffnungsträgerinnen und Hoffnungsträger in der Politik, in der Wirtschaft oder sogar in der Kirche. Aber eine rosarote Brille taugt nicht für ein nachhaltiges Vertrauen. Und blindes Vertrauen schlägt nur zu leicht um in eine unbarmherzige Menschenverachtung.

Wir schelten dann schnell mit „den" Medien, die beides – das blinde Vertrauen und die unbarmherzige Menschenverachtung – fördern. Aber letztendlich bleibt es doch eine ureigene Verantwortung von uns allen:

Wir müssen unser Vertrauen und unseren Verstand zusammenhalten, gegenüber Personen im öffentlichen Leben und auch gegenüber der Berichterstattung in unseren Medien!

Und diese Forderung nach dem Zusammenhalten von Vertrauen und Verstand gilt, so finde ich, auch für unsere privaten Beziehungen – vor allem für langjährige Paarbeziehungen.

Meiner Erfahrung nach ist es doch häufig der Verstand, der uns hilft, die Treue zu bewahren und das Vertrauen nicht preiszugeben, wenn unsere Gefühle durch unseren Partner bzw. durch unsere Partnerin verletzt wurden. Wenn der oder die andere etwas gesagt oder getan hat, das wir nicht akzeptieren können und das uns wehtut.

Ich kann mich an so manche Situation erinnern, in der ich beleidigt und traurig in einer Ecke saß und dagegen ankämpfte, mich dem „heulenden Elend" auszuliefern, weil ich mich von dir gekränkt und ungerecht behandelt fühlte.

In diesen Situationen flüsterte mein Bauchgefühl mir zu: „Er kann dich unmöglich so lieben, wie du es verdienst, sonst hätte er dich jetzt nicht so behandelt."
Oder:
„Wenn er so redet und so handelt wie jetzt, dann verdient er dein Vertrauen einfach nicht mehr. Dann solltest du versuchen, dich innerlich – und vielleicht sogar äußerlich – von ihm zu distanzieren und zu lösen."

In solchen Situationen war es für unsere Beziehung einfach lebensnotwendig, dass ich auch meinem Verstand Raum und Stimme geben konnte. Dass ich mir nach einer Zeit des „Sich-meilenweit-von-dir-entfernt-Fühlens" von meinem Verstand sagen ließ:
„Du weißt doch, dass dein geliebter Mann in vieler Hinsicht anders fühlt und reagiert als du. Und du hast diese Verschiedenheit von euch doch eigentlich schon so oft als Bereicherung eurer Beziehung erlebt. Bewerte deshalb sein dir jetzt so befremdlich vorkommendes Handeln doch nicht vorschnell als Zeichen einer erkalteten Liebe."
Oder:
„Du willst doch nicht ernsthaft eure in so vielen Jahren gewachsene und bewährte vertrauensvolle Beziehung aufkündigen, nur weil du jetzt durch sein Reden und Handeln verletzt bist."

So, wie mein Verstand dann meinem Vertrauen hilft, so ist oftmals aber auch das Vertrauen für meinen Verstand unerlässlich.

Etwa, wenn mein Verstand mir nach einer heftigen kontroversen Diskussion mit dir nahelegen will, dass es einfach keinen Sinn hat, mit dir weiter zu diskutieren. Denn die Koordinaten in deinem Kopf würden ja viel zu wenig mit meinen übereinstimmen.

Dann ist es das Grundvertrauen, das zwischen uns gewachsen ist, das meinem Verstand seine Grenzen aufzeigt. Dieses Grundvertrauen trägt und erträgt eben auch Auseinandersetzungen, die nicht harmonisch enden. Das Vertrauen, dass wir beide zusammengehören, signalisiert dann meinem Verstand: Intellektuelle Differenzen sind kein Trennungsgrund!

Ich glaube nicht, dass es überhaupt langjährige Liebesbeziehungen ohne Konflikte, Enttäuschungen und „Vertrauenskrisen" gibt. Aber das ist kein Argument gegen langjährige und nachhaltige Liebesbeziehungen. Denn die Erfahrung hat uns beiden doch gezeigt: *Wenn Vertrauen und Verstand „Hand in Hand" arbeiten, dann können die unvermeidbaren Konflikte und Enttäuschungen in Paarbeziehungen so gelöst werden, dass die gegenseitige Liebe nicht auf der Strecke bleibt.*

Wenn der Verstand dem Vertrauen durch die Krise hilft, dann wird das Vertrauen gestärkt und belastbarer aus dieser Krise hervorgehen.

Und wenn das Vertrauen dem Verstand gelegentlich seine Grenzen aufzeigt, dann wird das die Liebe stärken.

Kapitel 6
Vertrauen und Liebe
sind Zwillingsschwestern

„Wenn ich mit Menschen- und mit Engelzungen redete und hätte die Liebe nicht, so wäre ich ein tönendes Erz oder eine klingende Schelle. Und wenn ich prophetisch reden könnte und wüsste alle Geheimnisse und alle Erkenntnis und hätte allen Glauben, sodass ich Berge versetzen könnte, und hätte die Liebe nicht, so wäre ich nichts" (1. Korinther 13,1 f.).

Mit diesen Versen beginnt das wunderbare Hohelied der Liebe, in dem Paulus deutlich macht:
Ohne Liebe sind wir Menschen eigentlich ein „Nichts".
Ohne die Liebe sind unser ganzes Leben und unser ganzer Glaube doch nur Schall und Rauch!

Ich möchte diese wunderbaren Verse eigentlich genauso auch für das Vertrauen singen:
„Wenn ich mit Menschen- und mit Engelzungen redete und hätte kein Vertrauen, so wäre ich ein tönendes Erz oder eine klingende Schelle. Und wenn ich prophetisch reden könnte und wüsste alle Geheimnisse und alle Erkenntnis

und hätte allen Glauben, sodass ich Berge versetzen könnte, und hätte kein Vertrauen, so wäre ich nichts."

Liebe und Vertrauen sind wie siamesische Zwillingsschwestern: Sie sind ohne einander gar nicht lebensfähig.

Vertrauen und Liebe hängen zusammen und wir können sie oft gar nicht recht voneinander unterscheiden.

Für mich entspringen sie demselben „Mutterschoß", nämlich der Liebe und der Menschenfreundlichkeit Gottes.

Vertrauen und Liebe vermögen Menschenherzen in derselben Weise zu öffnen und zu bereichern:

Geschenktes Vertrauen weckt neues Vertrauen und geschenkte Liebe weckt neue Fähigkeiten zu lieben.

Ich bin sicher, dass es genau dieser Zusammenhang und dieses Zusammenwirken von Liebe und Vertrauen sind, die allem menschlichen Reden und Handeln Wert und Tiefe geben – im privaten Leben genauso wie in der Politik und in den Kirchen. Menschen sehnen sich in ihren persönlichen Beziehungen nach dieser Tiefendimension, aber sie fragen und suchen danach auch bei öffentlichen Entscheidungsträgerinnen und Entscheidungsträgern.

Und genau diese Sehnsucht hat Menschen auch schon in biblischen Zeiten umgetrieben. Sonst hätte Paulus nicht schon vor fast 2000 Jahren das „Hohelied der Liebe" geschrieben. Und Jesus Christus hätte gar nicht auf die Erde kommen müssen, wenn es den Menschen nicht an Liebe und Vertrauen gemangelt hätte. Durch den Mangel an liebevollen und vertrauensvollen Beziehungen wurden und werden Menschen über kurz oder lang krank an Leib und

Seele. Jesus hat, als einige Schriftgelehrte und Pharisäer sich darüber aufregten, dass er mit Sündern und Zöllnern Tischgemeinschaft pflegte, den Umstehenden erklärt: „Die Starken bedürfen keines Arztes, sondern die Kranken. Ich bin gekommen, die Sünder zu rufen und nicht die Gerechten" (Markus 2,17).

Denn von dieser Krankheit, die durch mangelnde Liebe und durch mangelndes Vertrauen entsteht, konnten und können Menschen sich nicht selbst heilen.

Vertrauensvolles Lieben und liebevolles Vertrauen kann kein Mensch allein aus sich heraus entwickeln und weitergeben – weder Menschen gegenüber noch gegenüber Gott.

Liebe und Vertrauen müssen uns Menschen von Gott und von Mitmenschen geschenkt werden, damit wir uns als „liebenswert" und „vertrauenswürdig" erleben und zeigen können. Dafür wollte Jesus Christus mit seinem Reden und Handeln die Herzen und Augen der Menschen öffnen.

Gott sei Dank hat Jesus Christus uns das Vertrauen vorgelebt, dass wir Menschen grundsätzlich und ohne eigene Vorleistungen von Gott geliebt sind.

Und Gott sei Dank hat der große Reformator unserer Kirche, Martin Luther, dieser biblischen Wahrheit erneut öffentliche Aufmerksamkeit verschafft:

Wir Menschen müssen uns Gottes Liebe und Gnade nicht durch unser eigenes Tun und Lassen verdienen. Gott will allein unser Vertrauen auf sein Wort und auf seine Menschennähe. Und beides – sein Wort und seine Menschennähe – wurde und wird uns in Jesus Christus fassbar und erfahrbar.

Im Vertrauen auf die unverdiente Liebe Gottes verliert das Lebensmodell des „Leistungsmenschen" seine Faszination und Verführungsmacht.

Die Vergötzung von Leistungen und wirtschaftlichem Erfolg durch „Leistungsmenschen" wendet sich am Ende gegen sie selbst. Denn ein allein auf Leistung bezogenes und dadurch krank machendes Lebensmodell signalisiert den Menschen: Du musst Nützliches und Sinnvolles leisten, sonst bist du nichts wert.

Und du musst immer fit sein und Gutes tun, damit du geliebt, geachtet und gewürdigt wirst. Du bist, was du leistest.

Die Vergötzung von Leistungen signalisiert, dass das „Gut-Sein" und die „Güte" eines Menschen an seinen wirtschaftlichen und sozialen Erfolgen abgelesen werden könne. Leider Gottes begegnet uns diese Vergötzung auch in den sogenannten „Power-Religionen" – manchmal sogar in einem christlichen Gewand. Da wird den Menschen dann gepredigt: „Wenn du Gott vertraust, dann wirst du wirtschaftlich erfolgreich sein. Rechter Glaube schenkt dir gesellschaftliches Ansehen und materielle Reichtümer." Häufig lassen sich durch solche Predigten gerade die Benachteiligten und Armen ansprechen, spenden dann das wenige, das sie haben, und machen so sich selbst noch ärmer und die „Power-Prediger" immer reicher.

Mit dem Lebensmodell des „Leistungsmenschen" im Hinterkopf brennen immer mehr Menschen aus. Sie kommen mit sich und mit ihrem Leben nicht mehr zurecht. Sie fühlen sich überfordert von den Erwartungen, die vermeintlich oder tatsächlich an sie gestellt werden. Die Angst, diesen Erwartungen nicht zu genügen und zu versagen, steigert den Druck, bis sie zusammenbrechen.

Menschen verlieren das Vertrauen zu sich und zu ihrem Leben, vor allem aber das Vertrauen darauf, auch in und mit ihrer Schwachheit geachtet und geliebt zu sein.

Ja, gerade im Blick auf die Not vieler Menschen, die heute an einem übersteigerten Leistungsdruck verzweifeln, gewinnt die alte theologische Lehre von der Rechtfertigung des Menschen allein aus Gnade eine ganz neue Aktualität. Ich habe diesen übersteigerten Leistungsdruck an mir selbst erlebt, als ich in der Euphorie, dass uns Frauen heute fast alle Rollen offenstehen, auch alle Rollen möglichst perfekt und möglichst zugleich ausfüllen wollte. Ich wollte die perfekte Ehefrau sein, gut organisiert im Haushalt und stets bereit zu Gesprächen und zärtlicher Zweisamkeit. Ich wollte die perfekte Mutter sein, mit viel Zeit und Verständnis für jede einzelne Tochter und mit viel Fantasie zur Förderung der Familiengemeinschaft. Ich wollte die perfekte Lehrerin sein, die niemals nur „Dienst nach Vorschrift" macht, sondern sich mit Herz und Verstand für das Schulleben und für alle Schülerinnen und Schüler einbringt. Ich wollte die perfekte Pfarrfrau sein, die der Gemeinde zeigt, dass sie trotz ihrer Berufstätigkeit und trotz vielfältiger familiärer Verpflichtung bereit und fähig ist, mit allen Gemeindegliedern „Kirche gemeinsam zu leben". Und dann wollte ich auch noch Zeit haben für Eltern und Schwiegereltern, für Freundinnen und Freunde, für Bücher, Filme und Theater. Niemals wollte ich wegen Terminstress und Hektik jammern, klagen und rumzicken.

Denn ich befürchtete, du könntest dann sagen: „Hör doch

auf, in der Schule zu arbeiten, dann geht's dir gleich besser.“ Du warst damals, in den 70er- und 80er-Jahren, nämlich noch nicht davon überzeugt, dass es gut und richtig ist, wenn Frauen sich darum bemühen, Familie und Berufstätigkeit zu vereinbaren – vor allem dann, wenn sie mit einem Pfarrer verheiratet sind. Das hat sich inzwischen – zum Glück für mich – geändert.

Ich habe damals jedenfalls lernen müssen, dass ich nicht allen alles recht machen kann. Dass ich mich selbst verliere, wenn ich mich nur an dem orientiere, was andere von mir erwarten. Dass ich auch Schwächen zugeben und zeigen darf, ohne mit Liebesentzug und Vertrauensverlust bestraft zu werden. Dass ich und meine Kräfte begrenzt sind und dass ich es auch lernen muss, mich zu begrenzen. Und wenn ich es recht bedenke, dann ist dieser Lernprozess für mich immer noch nicht abgeschlossen, obwohl die Kinder aus dem Haus sind und obwohl ich inzwischen ja pensioniert bin. Aber irgendwie rutsche ich manchmal doch wieder in dieses Lebensmodell des Leistungsmenschen bzw. der Powerfrau rein und versuche, mich selbst und andere Menschen durch Perfektionismus zu beeindrucken.

Dabei ist es doch für uns alle befreiend und beglückend zugleich, wenn wir mit dem Vertrauen leben können:

Du musst dir die Liebe Gottes und die Liebe anderer Menschen nicht durch deine Leistungen verdienen. Und wenn du tausendmal schwächelst, versagst und in die Irre gehst: Gott kommt dir mit seiner Liebe immer wieder neu entgegen. Und die Menschen, die dir in Liebe und Freundschaft verbunden sind, akzeptieren und mögen dich auch mit deinen Schwächen und Fehlern.

Der Apostel Paulus schreibt in seinem Brief an die junge Gemeinde in Korinth, dass der auferstandene Christus ihm zugesagt hat:

„Meine Kraft ist in den Schwachen mächtig" (2. Korinther 12,9).

Diese Zusage war die Jahreslosung für das Jahr 2012, sie hat mich im Herbst jenes Jahres in ganz besonderer Weise begleitet und getröstet. Ein Unfall und seine Folgen hatten mir gezeigt, wie verletzlich meine eigenen körperlichen und geistigen Kräfte sind und wie schnell sich die Lebensbedingungen und Lebensmöglichkeiten von Menschen ändern können.

Gott sei Dank gründen mein Vertrauen und meine Liebe zu Gott nicht in der Annahme, dass er mich in diesem Leben vor Unfall, Krankheit und Schmerzen bewahren wird.

Gott sei Dank trug und trägt mich die Verheißung, dass ich mir Gottes Gnade und Liebe nicht durch meine theologischen Kenntnisse und meine Leistungen in der Kirchenleitung verdient habe und verdienen muss.

Und Gott sei Dank konnte und kann ich in dem Vertrauen leben, dass viele Menschen – vor allem auch du – mich nicht nur achten und lieben, *weil* und *solange* ich gesund, stark und beruflich erfolgreich bin.

So wuchs mir gerade in der Zeit, als viele meiner gewohnten Kräfte schwanden, eine neue Kraft zu – durch die liebevolle Begleitung von dir, von unseren Kindern, von vielen mir vertrauten Menschen und durch mein Gottvertrauen. Gerade an den Tagen, an denen ich nichts „leisten" konnte, spürte ich ganz neu, dass und wie ich von einer *geschenkten* Kraft lebe. Das war für mich sogar in meinem beruflichen Alltag erfahrbar: Ohne Murren und ohne mir ein schlechtes Gewissen zu machen, wurden meine Termine von anderen übernommen. Und ich fand

Verständnis, wenn ich vor langer Zeit vereinbarte und zugesagte Termine jetzt absagte.

Diese geschenkte Lebenskraft ist nicht gebunden an äußere Stärke und an erfolgreiche berufliche Auftritte, sondern es ist eine Kraft, die Menschen zeigt: **Was im Leben wirklich trägt, das ist das Vertrauen auf die unverdiente Liebe Gottes und auf die von eigenen Leistungen unabhängige Liebe vertrauter Mitmenschen.**

Dieses Vertrauen schenkt dann auch uns selbst eine nachhaltige Fähigkeit, Gott und andere Menschen vertrauensvoll zu lieben.

Und damit wird letztlich alles, was wir denken, sagen und tun, von einer liebevollen und vertrauensvollen Grundmelodie getragen sein – selbst wenn wir uns empören und selbst wenn wir kontrovers diskutieren und um richtige Wege und Entscheidungen streiten.

Und diese Grundmelodie von Liebe und Vertrauen wird unser Reden und Handeln auch begleiten, wenn wir uns mit Widerspruch und Widerstand gegen solche gesellschaftlichen und politischen Strukturen engagieren, die Lieblosigkeit fördern und Vertrauen zerstören.

Nach biblischem Verständnis ist nämlich auch die Liebe – genau wie wir es für das Vertrauen beschrieben haben – viel mehr als nur ein romantisches Gefühl. Also auch darin könnten wir eine „zwillings-genetische" Übereinstimmung von Vertrauen und Liebe feststellen:

Vertrauen und Liebe verlangen danach, das Herz *und* den Kopf von uns Menschen zu erreichen, zu erfüllen und anzuleiten. Denn beide wollen sich in einem menschlichen Reden und Handeln verwirklichen, die gefühlvoll *und* vernünftig zugleich sind, sei es in unserem privaten Leben, sei es in der Kirche oder sei es in politisch-öffentlichen Bereichen.

Wenn das unser aller alltägliches Bemühen sein soll, wie ist es dann um die Verantwortungsträger in unserem Land bestellt? Welche Rolle spielen Vertrauen und Liebe auf der politischen Bühne – sei es in Berlin, Düsseldorf, Brüssel oder Athen? Und wie sieht es in den Kirchen aus? Was bestimmt unser Handeln?

Ich möchte mich keinesfalls über die Dinge stellen – und ich habe auch kein Patentrezept. Aber ich will immer wieder neu den Blick auf das richten, was am Ende wirklich zählt: Vertrauen und Liebe.

Gott sei Dank begegnen mir in der Politik und in der Kirche immer wieder Menschen, deren Reden und Handeln davon getragen sind. Mit ihnen kann ich Projekte anstoßen und verfolgen, die sich an dem biblischen Ruf zu Frieden und Gerechtigkeit ausrichten.

Ich denke beispielsweise daran, wie ich gemeinsam mit dem Militärbischof und dem Friedensbeauftragten des Rates der EKD die Bundeswehr in Afghanistan besucht habe. Uns wurde dabei klar, wie ernsthaft viele Menschen mit und ohne Waffen in dieser lebensgefährlichen Region nach Wegen zu einem gerechten Frieden suchen.

Ich denke auch daran, wie engagiert in meiner rheinischen Heimatkirche Kirchengemeinden und Kommunen gemeinsam Projekte verfolgen, die benachteiligten Kindern und Jugendlichen zu besseren Bildungschancen verhelfen.

Leider beherrschen in der Öffentlichkeit häufig ganz andere Themen die Debatten. Es geht oftmals vornehmlich um Macht und Einfluss, Lobby und Profit, politische Mehrheiten und die Option, die nächsten Wahlen auch wieder zu gewinnen. Jesus hat uns gegen diese Sucht nach eigenem Erfolg und Ansehen eine andere Perspektive vorgelebt und eröffnet. Er lenkt unseren Blick auf Gottes Reich und auf die Bedürfnisse der anderen Menschen, von denen die Bibel als „unseren Nächsten" spricht. Die Perspektive des kommenden Gottesreiches lässt mich nicht verzweifeln, wenn ich sehe, dass meine Projekte so manches Mal scheitern und dass sich scheinbar nichts verändert. Denn sie macht mir deutlich, dass wir Menschen mit unserem Planen und Handeln nicht das Himmelreich auf Erden schaffen können und müssen. Gott selbst wird einen neuen Himmel und eine neue Erde schaffen, in denen es kein Unrecht, Leid und Tod mehr geben wird. Aufgabe von uns Menschen ist es aber, auf das uns verheißene Gottesreich hinzuweisen und unseren Nächsten davon einen Vorgeschmack zu ermöglichen.

Ich will mich immer wieder neu von der Frage bewegen lassen:

Wie und wo können wir, kann ich ganz persönlich etwas dafür tun, dass Menschen diesen Vorgeschmack vom Reich Gottes bekommen, dass sich ein neues Vertrauen einstellt, dass Liebe und Güte das Handeln und das menschliche Miteinander bestimmen?

Ist das alles eine Utopie – ja, vielleicht. Aber eine gute! Eine, für die es sich lohnt, immer wieder danach zu streben und darauf zuzugehen.

Kapitel 7
Gottvertrauen ist Vertrauen
über den Tod hinaus

Ich gehe über den Friedhof, vorbei an den mir schon vertraut gewordenen Gräbern und Grabsteinen, zum Grab von Meike, unserer Tochter. Ich zupfe ein paar verblühte Blumen und Zweige aus der recht wild und üppig wachsenden Grabbepflanzung und zünde Kerzen an.

Meike würde das gefallen:

Viele Kerzen auf und an ihrem Grabstein und viele bunte Blumen, Sträucher und Gräser, die sich einer akkuraten Pflanzordnung entziehen.

Meike, unsere jüngste Tochter – inzwischen hätte sie schon ihren 30. Geburtstag gefeiert.

Und inzwischen begehen wir bald ihren 8. Todestag.

Ich mag es, allein hier an ihrem Grab zu sein. Stumme Zwiesprache zu halten – mit mir, mit Meike, mit Gott.

Hier an Meikes Grab – inmitten der vielen anderen Gräber – kann ich es manchmal spüren, dass Gott sein himmlisches Reich schon jetzt untrennbar mit unserer vergänglichen irdischen Wirklichkeit verbunden hat. Und dass wir Menschen diese Verbindung in gesegneten Augenblicken auch schon „hier und jetzt" erleben können, wie „vorweggenommen in ein Haus aus Licht".

So wie es Marie Luise Kaschnitz in ihrem von Meike und mir geliebten Gedicht „Auferstehung" beschrieben hat:

„Manchmal stehen wir auf
Stehen wir zur Auferstehung auf
Mitten am Tage
Mit unserem lebendigen Haar
Mit unserer atmenden Haut.

Nur das Gewohnte ist um uns.
Keine Fata Morgana von Palmen
Mit weidenden Löwen
Und sanften Wölfen.

Die Weckuhren hören nicht auf zu ticken.
Ihre Leuchtzeiger löschen nicht aus.

Und dennoch leicht,
Und dennoch unverwundbar
Geordnet in geheimnisvolle Ordnung,
Vorweggenommen in ein Haus aus Licht."[4]

In diesen gesegneten Augenblicken an Meikes Grab, wenn ich mich ihr und Gott untrennbar verbunden fühle, verstummen meine Zweifel an Gottes menschenfreundlicher Wirkungsmacht. Dann verdichten sich mein Vertrauen und meine Hoffnung zu der beglückenden Gewissheit:
Stärker als der Tod ist Gottes Macht und Gottes Liebe.

Gott hat Jesus Christus nicht dem Tod überlassen und Gott hat Meike nicht dem Tod überlassen. Und Gott wird auch uns nicht dem Tod überlassen. Meike *lebt* in Gottes ewigem Reich.

Und weil ich ja schon hier in meinem irdischen Leben mit Gott und mit Gottes Reich verbunden bin, deshalb bleibe ich auch mit Meike verbunden – nicht nur in und mit meinen Erinnerungen an vergangene Tage.

Dann ist es ganz hell in mir und ich bin ganz erfüllt von der Erfahrung:

Stärker als der Tod ist auch meine Liebe! Auch mir gilt das Versprechen des Apostel Paulus:

„Nun aber *bleiben* Glaube, Hoffnung, Liebe, diese drei; aber die Liebe ist die größte unter ihnen" (1. Korinther 13,13).

Mein Gottvertrauen ist – Gott sei Dank! – ein Vertrauen über den Tod hinaus.

Mich trägt die Gewissheit, dass mein Glauben, Hoffen und Lieben mit dem Tod nicht an ein absolutes Ende kommen – weder mit dem Tod der von mir geliebten Menschen noch mit meinem eigenen Tod.

Und deshalb schenkt dieses Vertrauen mir die Kraft, mit Meikes Tod und mit meiner Trauer und Traurigkeit über Meikes Tod zuversichtlich weiterleben zu können. Es ist aber nicht nur ein Weiterleben, sondern ein erfülltes Leben mit vielen Glücksmomenten – etwa im Zusammensein mit unseren Enkelkindern, aber auch bei den spannenden Begegnungen und Reisen, die ich mit dir zusammen erlebe.

Mir wurde in der Zeit von Meikes Krankheit bei mir selbst und bei meinen vielen Begegnungen mit verängstigten, verzweifelten und trauernden Menschen auf der Krebsstation bewusst:

Es ist unendlich schwer, angesichts einer tödlichen Krankheit – sei es bei einem geliebten Menschen oder bei einem selbst – Vertrauen zu bewahren, das Vertrauen auf ärztliche Kompetenz, das Vertrauen zum eigenen Körper, das Vertrauen auf die eigene Stärke und Selbstbeherrschung, das Vertrauen auf die Sinnhaftigkeit des weiteren Lebens, das Vertrauen auf eine anhaltende und hilfreiche Begleitung durch andere Menschen. Aber eben auch das Vertrauen auf Gottes Menschennähe und auf seine Macht beziehungsweise seinen Willen, wirkmächtig einzugreifen.

Rein äußerlich schien es mir manchmal, als mache es keinen großen Unterschied, ob sich Menschen mit oder ohne Gottvertrauen einer solchen Situation stellen mussten. Ob und wie viel sie weinten und klagten, ob und wie viel körperlichen Trost sie in Umarmungen suchten, ob und wie weit sie sich mitfühlenden Gesprächen öffnen konnten – das alles schien mir doch mehr eine Frage ihres Charakters und Temperaments zu sein als eine Frage ihres Gottvertrauens.

So, wie ja auch wir beide – bei aller Übereinstimmung im Blick auf unser Gottvertrauen – äußerlich sehr unterschiedlich mit unseren Ängsten, Zweifeln, Vertrauenskrisen und auch mit unserer Trauer umgehen.

Je intensiver ich mich dann aber auf Meikes und meine Todesängste einließ und auch auf die von Meikes Mitpatientinnen, Mitpatienten und deren Angehörigen, desto gewisser wurde ich mir:

Es macht schon einen Unterschied, ob jemand mit oder ohne Gottvertrauen dem Tod ins Auge blicken muss.

Und mir selbst wurde dabei ganz existenziell bewusst: Für mich ist ein Gottvertrauen, das über den Tod hinausgeht, unverzichtbar für einen realistischen und zugleich zuversichtlichen Umgang mit Sterbenden.

Wenn ich davon überzeugt wäre, dass dieses Leben hier auf der Erde alles ist, was uns Menschen zugedacht ist, dass also mit dem Tod die Identität eines Menschen vollständig und endgültig ausgelöscht wird, dann würde ich bei der Begleitung eines tödlich erkrankten geliebten Menschen verdrängen, dass er sterben muss, um nicht zu verzweifeln.

Auch naturreligiöse Vorstellungen von einem ewigen Kreislauf des „Werdens und Vergehens" und von einander ablösenden Verkörperungen der Lebensenergie könnten mich nicht trösten. Daran zu glauben, dass Meikes Lebensenergie jetzt in einer Blume auf ihrem Grab zum Vorschein kommt, würde mir angesichts meines Schmerzes über ihren Tod kein neues Vertrauen in das Leben schenken.

Für mich ist der Friedhof nur deshalb kein trostloser Ort, weil ich darauf vertraue, dass am ersten Ostermorgen das leere Grab Christi den Menschen ein Zeugnis von Gottes letztgültigem Sieg über den Tod gab. In diesem Vertrauen singen mir auch heute die Gräber geliebter Menschen nicht nur Lieder von Trennung und Abschied, sondern darüber hinaus ein Hoffnungslied auf die Auferstehung – auf die Auferstehung, die wir manchmal schon hier und jetzt, „mitten am Tage" erleben, und auf die Auferstehung, die wir nach unserem Tod in Gottes ewigem Reich erwarten.

Auch für mich ist mein Gottvertrauen ein Vertrauen über den Tod hinaus. Ich weiß nicht, wie ich sonst überhaupt anderen Menschen als Pfarrer sinnvoll zur Seite stehen könnte. Vor allem wüsste ich nicht, was und wie ich ohne diese Dimension meines Vertrauens an den Gräbern predigen und den Trauernden Trost und Hoffnung zusprechen könnte.

Ich beginne eigentlich jede Liturgie am offenen Grab mit dem Bibelvers, der allen Christinnen und Christen eine so lebendige Hoffnung zuspricht, dass sie auch durch den Tod nicht zerstört werden kann:

„Gelobt sei Gott, der Vater unseres Herrn Jesus Christus, der uns nach seiner großen Barmherzigkeit wiedergeboren hat zu einer lebendigen Hoffnung durch die Auferstehung Jesu Christi von den Toten" (1. Petrus 1,3).

So, wie es dieser Bibelvers aus dem 1. Petrusbrief bezeugt, ist auch mein Gottvertrauen unlösbar gebunden an das Leben, Sterben und Auferstehen Jesu Christi. Christlicher Glaube ist für mich ein „österlicher" Glaube:

Jesus Christus, der Gekreuzigte, lebt!

Durch Christi Tod und Auferstehung hat sich die Lebensmacht Gottes gegenüber allen Todesmächten dieser Welt als stärker erwiesen.

Das schenkt mir die Gewissheit, dass Gott auch für uns eine Perspektive über den Tod hinaus bereithält.

In den letzten Wochen ihres irdischen Lebens gab es wenige Bibelstellen, die Meike noch so richtig trösten konnten. Vor allem hatte sie einen Zorn auf neutestamentliche Heilungsgeschichten, die damit endeten, dass jemand gesund wurde, weil sein Glaube groß war. So schrieb Meike fünf Wochen vor ihrem Tod in ihr Tagebuch: „Ich glaube, aber ich habe gleichzeitig Zweifel an allem, was uns durch Christus gesagt wurde. Glaube kann Berge versetzen, aber Krebszellen abtöten kann er wohl nicht."

Getröstet fühlte sich Meike aber bis zu ihren letzten bewussten Tagen von den biblischen Geschichten über Jesu Leiden und Sterben. Es tat ihr gut, dass auch Jesus mit seinem Gottvertrauen Angst hatte vor dem Sterben und vor dem Tod. Dass er am Kreuz keine Lob- und Dankpsalmen gebetet hat, sondern mit einem Klagepsalm seine gefühlte Gottverlassenheit herausschrie. Dass er sich zuletzt dann aber doch ganz vertrauensvoll in Gottes Hände fallen lassen konnte: „Vater, ich befehle meinen Geist in deine Hände!" (Lukas 23,46).

Die Geschichte von Jesu Sterben am Kreuz war für Meike und ist für mich eine Trost-Geschichte über ein „Dennoch-Vertrauen", das stärker ist als der Tod.

Menschen denken zu kurz und zu vordergründig, wenn sie das Kreuz nur als ein Symbol für Folter, Leiden und ein qualvolles Sterben ansehen. Denn das Kreuz verweist uns auf ein Leiden und ein Sterben, das in und trotz aller Qual Glaube, Hoffnung und Liebe nicht preisgegeben hat. Jesus Christus wurde von seinem Gottvertrauen getragen, auch im Leiden, auch am Kreuz, auch im Sterben, auch durch den Tod. Das Kreuz steht für ein Vertrauen, das nicht auf vordergründige Siege setzt. Es steht für ein Vertrauen, das nicht an die Herrschenden und Mächtigen dieser Welt gebunden ist, sondern an die Lebensmacht Gottes, die die absoluten Machtansprüche aller weltlichen Todesmächte in der Auferstehung Jesu Christi gebrochen hat.

In den letzten Jahrzehnten hat es immer wieder Debatten darüber gegeben, ob Symbole des christlichen Glaubens – insbesondere das Kreuz – in öffentlichen Gebäuden wie Gerichtssälen und Schulen angebracht werden dürfen. Ich meine: Gerade in Gerichtssälen brauchen Menschen doch solch ein Dennoch-Vertrauen – sowohl die Urteilenden wie auch die Verurteilten! Das Kreuz im Gerichtssaal erinnert die Vertreterinnen und Vertreter der Staatsgewalt daran, dass sie zwischen Menschen und ihren noch so schlimmen Taten unterscheiden müssen. Täterinnen und Täter sind für ihre Taten verantwortlich, aber sie sind immer mehr als ihr Tun, sie verlieren durch ihre Straftat ihr „Menschsein" nicht. Deshalb dürfen von Menschen keine endgültigen Urteile gefällt werden – die Todesstrafe steht für mich im Widerspruch zur Gottesfurcht und zum Gottvertrauen. Den vor Gericht stehenden Angeklagten sagt das Kreuz, dass sie jenseits allen menschlichen Urteilens eine Zukunft als von Gott geliebte Menschen haben. Jesus Christus ist am Kreuz auch für ihre Sünde gestorben. Sie können zu ihrer Schuld und zu ihrem Versagen stehen, Veränderung und Neuanfänge sind für sie möglich.

Eine Trost-Geschichte des Dennoch-Vertrauens ist die Geschichte von Jesu Sterben am Kreuz aber wirklich nur von Ostern her. Nur, wenn ich glauben kann, dass Gott Jesus nicht dem Tod überlassen hat, nur dann wurde das Vertrauen Jesu nicht enttäuscht. Und nur dann kann auch mein Gottvertrauen ein begründetes Vertrauen über den Tod hinaus sein.

Deshalb gehören für mich zu der Passionsgeschichte Jesu die Ostergeschichten unabdingbar dazu, in denen der

Auferstandene seinen Freundinnen und Freunden begegnet und sie sich darin ganz gewiss werden: Der Gekreuzigte lebt!

Ich plädiere übrigens deshalb dafür, leere Kreuze – also Kreuze ohne den Körper des Gekreuzigten – in öffentliche Gebäude zu hängen. Weil ein leeres Kreuz für mich den unverzichtbaren Zusammenhang von Jesu Tod und Auferstehung symbolisiert.

Und weißt du, was für meine Auferstehungshoffnung auch ein ganz tröstliches Detail der biblischen Geschichten ist? Ich finde es ganz wunderbar, dass der Auferstehungskörper Jesu die Wundmale des gekreuzigten irdischen Jesus trägt. Das nährt meine Hoffnung, dass es auch bei uns nach der Auferstehung eine Kontinuität – wie auch immer diese gestaltet ist – zu unserem irdischen Leben geben wird.

Ich teile deine Hoffnung, denn ich hoffe in Gottes Reich auf eine Art „Wiedersehen" mit Meike und mit vielen anderen Menschen. Aber sobald wir versuchen, darüber konkreter Auskunft zu geben, verlieren wir uns in Spekulationen.

Von der Auferstehung und dem uns verheißenen neuen Leben spricht auch die Bibel nur in Bildern. Paulus etwa benutzt ein Bild vom Säen und Wachsen:

„So auch die Auferstehung der Toten. Es wird gesät verweslich und wird auferstehen unverweslich. Es wird gesät in Niedrigkeit und wird auferstehen in Herrlichkeit. Es wird gesät in Armseligkeit und wird auferstehen in Kraft. Es wird gesät ein natürlicher Leib und wird auferstehen ein geistlicher Leib" (1. Korinther 15,42 ff.).

Die biblischen Bilder von dem Leben nach dem Tod machen aber eines deutlich:
Unser Tod ist ein vollständiger Bruch mit der alten Existenz. Auferstehung ist nicht Wiederbelebung, sondern Neuwerdung – allerdings wird unsere Individualität in diesem neuen Leben aufgehoben sein.

Mehr können wir nicht aus den biblischen Bildern herauslesen – aber eben auch nicht weniger. Und ich finde, das reicht für ein Gottvertrauen über den Tod hinaus.

Mir schenkt dieses Gottvertrauen die Gewissheit, dass uns Menschen alle Todeserfahrungen dieser Welt nicht von der Gegenwart und Liebe Gottes trennen können und dass Meike jetzt in Gottes ewigem Reich *lebt*. „Unsere Toten leben bei Gott" – mein Gottvertrauen macht für mich diese paradoxe Aussage zu einer erfahrbaren Wahrheit. Denn in diesem Vertrauen bin ich – wie du – mit Meike noch immer ganz „lebendig" verbunden.

Und dieses Gottvertrauen bewahrt mich auch im Blick auf das Weltgeschehen vor Resignation, Verzweiflung und vor Zynismus.

Ohne den österlichen Glauben, der die Basis für mein Gottvertrauen ist, würde ich die Geschichte Jesu und die Weltgeschichte wohl ähnlich hoffnungslos kommentieren, wie Erich Kästner es in seinem Gedicht „Dem Revolutionär Jesus zum Geburtstag" tat:

„Zweitausend Jahre sind es fast,
seit du die Welt verlassen hast;
du Opferlamm des Lebens!
Du gabst den Armen ihren Gott.
Du littest durch der Reichen Spott.
Du tatest es vergebens!
...
Du hast die Freiheit stets beschützt
und doch den Menschen nichts genützt.
Du kamst an die Verkehrten.
...
Bis man an dir, weil nichts verfing,
Justizmord, kurzerhand, beging.
Es war genau wie heute.

Die Menschen wurden nicht gescheit.
Am wenigsten die Christenheit,
trotz allem Händefalten.
Du hattest sie vergeblich lieb.
Du starbst umsonst. Und alles blieb
beim Alten. "[5]

Christi Leben, Tod und Auferstehung haben unsere Welt nicht in einen Paradiesgarten und nicht in einen Himmel auf Erden verwandelt.

Tod und Gewalt, Krankheit und Leid, Schuld und Versagen bestimmen noch immer und immer wieder neu das Leben auf dieser Erde. Insofern hat Kästner recht, wenn er konstatiert: „Und alles blieb beim Alten."

Aber Kästner konnte oder wollte nicht erkennen, dass der Glaube an Christi Auferstehung Menschen von lähmenden

Ängsten befreien und vor bodenloser Verzweiflung bewahren kann. Und dass der Auferstehungsglaube deshalb auch den Totalitätsansprüchen aller irdischen Mächte und Gewalten eine Grenze setzt und den Protest und Widerstand gegen deren tödliche Wirkungen lebendig erhält.

Und wir sollten auch nicht gering schätzen, dass sich mit der Geschichte der christlichen Gemeinden und der Kirche auch eine Geschichte ihrer „Liebestätigkeit", also der Diakonie und der Caritas, verbindet. Christliche Liebestätigkeit hat sich dabei nicht allein auf individuelle und eher zufällige Einzelhilfe beschränkt, sondern sie führte zu einem Aufbau sozialer Netze etwa in der Altenhilfe und Jugendarbeit, in der Krankenpflege, Behindertenhilfe und Flüchtlingsarbeit. Das hat unsere Welt schon verändert!

Jesus starb *nicht* umsonst! Denn sein Tod und seine Auferstehung schenken bis heute vielen Menschen ein Gottvertrauen über den Tod hinaus.

Ich stimme dir voll zu, weil ich die Botschaft des Neuen Testaments genauso verstehe und es auch bei mir selbst so erlebe. Das Zusammenleben der Menschen – in der kleinen privaten wie auch in der großen Welt – wäre wohl um einiges angstfreier und menschenfreundlicher, wenn alle Menschenherzen von diesem österlichen Glauben und von einem Gottvertrauen über den Tod hinaus erfüllt wären.

Das würde uns auch frei machen, uns ohne lähmende Ängste den Fragen nach notwendigen und sinnvollen rechtlichen Regelungen für das Lebensende zu stellen. Ich denke etwa an das Erstellen einer Patientenverfügung, an die Entscheidung für oder gegen eine Organspende und an die in Europa so kontrovers geführte Debatte um die Legalisierung von aktiver Sterbehilfe. Es ist hier nicht der Raum, alle diese Fragen im Einzelnen zu erläutern und zu diskutieren – wir beide sind uns da im Detail auch nicht immer einig. Entscheidend aber ist doch:

Ein Gottvertrauen über den Tod hinaus schenkt uns die Freiheit, Irdisches loszulassen.

Wir müssen nicht mit allen medizinischen und rechtlichen Mitteln und Möglichkeiten um eine Fristverlängerung für unser eigenes irdisches Leben kämpfen.

Wir müssen uns nicht als ein unversehrter Leichnam mit allen Organen begraben lassen. Gott will uns ein neues Leben in seinem Reich schenken und er braucht dazu nicht unsere alten Körperteile und Organe.

Sicher, es gibt keine ethische Pflicht für Christinnen und Christen, einer Organspende zuzustimmen. Aber wenn Menschen anderen Menschen Lebenszeit schenken, indem sie die Entnahme von Organen nach ihrem Ableben gestatten, dann kann man das meines Erachtens durchaus als einen Akt tätiger Liebe verstehen. Ein Pauluswort ist mir in diesem Zusammenhang wichtig: „Denn in Christus Jesus gilt weder Beschneidung noch Unbeschnittensein etwas, sondern der Glaube, der durch die Liebe tätig ist" (Galater 5,6).

Und diese „tätige Liebe" kann sich meines Erachtens auch darin konkretisieren, dass ich mir nahestehende Menschen begleite, wenn sie wegen einer unheilbaren Krankheit und nach intensiven Überlegungen den Freitod wählen. Für mich widerspricht es weder meinem christlichen Menschenbild noch meinem Auferstehungsglauben, wenn ich das Verlangen von Menschen respektiere, den Zeitpunkt ihres Todes in einer qualvollen und langwierigen Sterbephase nicht geduldig abzuwarten. Das Leben ist ein Gottesgeschenk, diesem Bekenntnis stimme ich zu. Dass er uns zu seinem Bild geschaffen hat, dass wir ihm, wie es die Bibel im Schöpfungsbericht sagt, „ebenbildlich" sind, beinhaltet Freiheit und Verantwortung zugleich. Gott lässt uns den freien Willen. Der dadurch entstehende Raum ist viel größer, als wir es uns manchmal vorstellen können.

Und ein verantwortlicher Umgang mit den Grenzsituationen unseres Lebens heißt für mich eben nicht in jedem Fall: passives und geduldiges Warten auf Gottes Eingreifen und Handeln. Ich habe in manchen konkreten Situationen ganz viel Verständnis für den Wunsch von Menschen nach „aktiver" Sterbehilfe und Sterbebegleitung. Ich weiß, wie schwierig es ist, hier sinnvolle und menschenfreundliche gesetzliche Regelungen zu finden, und wie schnell durch zu freizügige Gesetze dem Missbrauch Tor und Tür geöffnet werden können. Aber gerade unter der Perspektive des Vertrauens – und darum geht es uns ja in diesem Buch – können und sollen der mögliche Missbrauch und ein grundsätzliches Misstrauen gegenüber der Verantwortungsfähigkeit von Menschen doch nicht der Maßstab für die Formulierung unserer Gesetze sein.

Der Glaube an Gottes Barmherzigkeit und ein Gottvertrauen über den Tod hinaus können Menschen die Freiheit schenken, gerade in den Grenzsituationen des Lebens barmherzig zu handeln und eben auch in gesetzlichen „Grauzonen" die Ehrfurcht vor Gott und die tätige Liebe zu leidenden Menschen zusammenzuhalten.

Ich stimme dir zu. Unser Gottvertrauen darf uns Menschen nicht zu einem tatenlosen Ausharren und zum „Aussitzen" von Problemen verleiten. „Hoffen und Harren hält manchen zum Narren" – diese Lebensweisheit ist keine Qualifizierung der Hoffnung, die uns Menschen aus einem Gottvertrauen über den Tod hinaus erwächst. Und mir war und ist für das kirchliche Reden und Handeln auch wichtig, dass die Sorge um leidende Menschen in Konfliktfällen den Vorrang hat vor der „reinen" Lehre. Wir dürfen in unserem Bemühen um theologisch stringente Stellungnahmen und Lösungen nicht das konkrete Leiden bestimmter Menschen aus dem Blick verlieren. Und wir dürfen über dem Lehr-Auftrag der Kirche auch nicht unseren Seelsorge-Auftrag vernachlässigen. Sicherlich braucht es Regeln und verbindliche Maßstäbe. Aber es braucht darüber hinaus auch die individuelle Gewissensentscheidung und einen liebevollen Umgang mit den Betroffenen.

Ein Gottvertrauen über den Tod hinaus ist keine Jenseitsvertröstung, die Menschen zur Untätigkeit in Lebenskrisen aufruft. Christinnen und Christen sollen – um Gottes und um der Menschen willen – verantwortlich handeln, gerade auch in den Grenzsituationen unseres Lebens. Deshalb ringt die Evangelische Kirche in Deutschland immer wieder neu um lebensdienliche und menschenfreundliche gesetzliche Regelungen für die Grenzen des Lebens. Angesichts dessen, was durch medizinische Forschung und ärztliches Können dem Menschen inzwischen alles möglich ist, fällt es Ethikkommissionen und gesetzgebenden Institutionen nicht leicht, die Ehrfurcht vor Gott, die Ehrfurcht vor dem Leben und das Verlangen der Menschen nach Selbstbestimmung auch in Grenzsituationen zusammenzuhalten. Auch unser theologisches Denken und Urteilen wird dabei vor besondere Herausforderungen gestellt. Was ich schon ganz grundsätzlich für das kirchliche Reden und Handeln in den gegenwärtigen Krisen beschrieben habe – die Unmöglichkeit, aus dem Gottvertrauen und der Bindung an Gottes Wort eindeutige und widerspruchsfreie konkrete Lösungsschritte abzuleiten –, das gilt besonders auch für die Fragen nach dem Recht und der Rechtfertigung menschlichen Entscheidens und Handelns am Anfang und Ende eines Lebens. Das Vertrauen auf Gottes unzerstörbare Lebensmacht führt Christinnen und Christen auch hier zu vielfältigen Antworten und kontroversen Standpunkten. Ich bete und arbeite dafür, dass wir auch hier in unseren Gemeinden und Kirchen unsere „Einheit in Vielfalt" bewahren können. Vor allem aber bete und hoffe ich, dass in konkreten Grenzsituationen für alle Christinnen und Christen die Frage nach dem Wohl eines leidenden Menschen wichtiger bleibt als die Frage nach ihren sauberen Händen und nach dem Durchsetzen ihrer jeweiligen theologischen Positionen. Ich bin davon überzeugt, dass unsere Kirche dadurch mehr Vertrauen gewinnen kann als mit der Durchsetzung von widerspruchsfreien dogmatischen Lehrsätzen, ohne Rücksicht auf die Menschen und ihre konkreten Lebenssituationen.

Kapitel 8
Gottvertrauen fällt nicht einfach vom Himmel

Propheten und Prediger verkündigen es seit Jahrtausenden: Der Gott, der Himmel und Erde und alles Leben geschaffen hat, will, dass die Menschen an ihn glauben und in Bindung an ihn leben.

Das Leben, Sterben und Auferstehen Jesu Christi verstehen wir als die große Einladung Gottes, uns seiner Menschennähe und Menschenliebe anzuvertrauen.

Und auch wir beide reden und schreiben ja in diesem Buch über unseren Glauben und über unser Gottvertrauen, um andere Menschen zu motivieren und zu ermutigen, selber zu glauben und selber Vertrauen zu wagen.

Die große Frage aber ist doch: Wie kommen Menschen zu einem Glauben und zu einem Gottvertrauen, das sie in allen Zeiten ihres Lebens wirklich trägt?

Mit dieser Frage schlägt sich die Christenheit seit fast 2000 Jahren herum. Generationen von Theologen haben sich dieses

Themas angenommen. Der Heidelberger Katechismus etwa greift dieses Problem auf und formuliert Antworten auf grundlegende Fragen:

Was ist wahrer Glaube?
Wahrer Glaube ist nicht allein eine zuverlässige
*   Erkenntnis,*
durch welche ich alles für wahr halte,
was uns Gott in seinem Wort geoffenbart hat,
sondern auch ein herzliches Vertrauen,
welches der Heilige Geist durchs Evangelium
*   in mir wirkt,*
dass nicht allein anderen, sondern auch mir
Vergebung der Sünden, ewige Gerechtigkeit und
*   Seligkeit*
von Gott geschenkt ist, aus lauter Gnade,
allein um des Verdienstes Christi willen.[6]

Wenn nun allein der Glaube
uns Anteil an Christus und allen seinen Wohltaten gibt,
woher kommt solcher Glaube?
Der Heilige Geist wirkt den Glauben
in unseren Herzen durch die Predigt des heiligen
*   Evangeliums*
und bestätigt ihn durch den Gebrauch der heiligen
*   Sakramente.*[7]

Entscheidende Fragen zu Glaube und Vertrauen werden hier im Heidelberger Katechismus wirklich angesprochen. Und ich kann auch mit den Antworten etwas anfangen, weil ich mich in der kirchlich-theologischen Sprache zu Hause fühle und mir beispielsweise unter „herzliches Vertrauen" etwas vorstellen kann:

Das Herz ist nach biblischem Sprachgebrauch das innere Zentrum des Fühlens und Denkens. Ein „herzliches Vertrauen" schaltet also den Verstand nicht aus.

Mich schreckt die theologisch bedeutungsschwere Begrifflichkeit nicht nachhaltig ab, wie die Rede von „ewiger Gerechtigkeit und Seligkeit", von „lauter Gnade" und von „allein um des Verdienstes Christi willen".

Ich kann mit dieser Begrifflichkeit umgehen. Ich habe schon viel zu dem Bedeutungsumfeld dieser Begriffe gelesen, schon oft mit dir und anderen theologisch interessierten Christinnen und Christen über ihre Bedeutung für unseren heutigen Glaubensalltag diskutiert.

Aber in meinem schulischen Religionsunterricht mit zehn- bis sechzehnjährigen Schülerinnen und Schülern an der Realschule habe ich niemals mit dem Heidelberger Katechismus gearbeitet. Mir schien er sprachlich und thematisch für die Lebenswelt der Kinder und Jugendlichen einfach nicht angemessen.

Aber auch wenn ich Kinder und Jugendliche hier einmal außer Acht lasse:

Was ist mit all den Menschen, die nicht kirchlich sozialisiert sind und die keine theologischen Bücher lesen wollen oder können?

Da frage ich mich:

Können die Antworten, die Generationen vor uns formuliert haben, heute noch helfen, wenn Menschen auf der Suche nach Glauben und Gottvertrauen sind?

Vor allem, wenn diese nicht schon vorher einen Zugang zur kirchlichen und theologischen Sprache hatten?

Und bewähren sich die Antworten auch mit Blick auf all diejenigen, deren Glaube und Gottvertrauen gerade an einem schweren Schicksal zu zerbrechen drohen? Welche „Sprache" müssen wir sprechen, damit die Botschaft von Gottes Menschennähe in Jesus Christus überhaupt gehört und verstanden wird? Was bedeutet dies für den Religionsunterricht, die Seelsorge in Krankenhäusern und Gefängnissen, die Sonntagspredigt, die Liturgie und die Lieder im Gottesdienst?

Auch ich halte es für problematisch, Suchende oder Verzweifelte unvorbereitet mit vorgefertigten Antworten zu konfrontieren oder ihnen einfach die Worte des Heidelberger Katechismus „vor den Kopf zu knallen".

Für mich ist der Heidelberger Katechismus dennoch in vielen theologischen Fragen bis heute eine unverzichtbare Grundlage für weiterführende Gespräche. Dann können alle fremd klingenden oder auch befremdlichen Formulierungen zur Sprache kommen, dann kann auf alle Fragen und Einwände konkret und zugleich theologisch fundiert eingegangen werden. Manchmal ist das sicherlich nicht einfach. Aber die Mühe lohnt sich, denn die Bekenntnisse der Reformatoren sind eine Wurzel unseres evangelischen Glaubens, die uns auch heute noch Kraft gibt. Deshalb möchte ich ihre Erkenntnisse und Einsichten bewahren.

Aber ich sehe unsere Kirche und unsere Theologie auch in der Pflicht, die Botschaft des Evangeliums so zu verkündigen, dass wir mit unserer Sprache die Lebenswirklichkeit der Menschen erreichen – vor allem auch die Lebenswirklichkeit der

Menschen, die nicht kirchlich sozialisiert oder theologisch gebildet sind. Aber ich denke, wir sollten uns dabei auch davor hüten, unsere theologischen Traditionen zu vergessen und unsere Sprache selbst zu säkularisieren. Sonst geben wir mit der „theologischen Sprache" und den überlieferten Begriffen eben auch viele Inhalte auf.

Ich bin der festen Überzeugung, wir können auf die Begriffe „ewige Gerechtigkeit", „lauter Gnade", „Seligkeit", „heiliges Evangelium" und „heilige Sakramente" gar nicht verzichten, wenn wir Menschen ein Dennoch-Vertrauen und ein Gottvertrauen über den Tod hinaus nahebringen wollen. Gut, wir müssen diese Begriffe durch unsere Erklärungen für den jeweils fragenden, suchenden, zweifelnden oder verzweifelnden Menschen „alltagstauglich" werden lassen. Aber das geht eben nicht mit einem allgemeingültigen Wörterbuch. Sondern dazu braucht es einfühlsame und mitfühlende Seelsorgerinnen und Seelsorger – und damit meine ich jetzt nicht nur Pfarrerinnen und Pfarrer.

Eine Seelsorge, die Menschenherzen für das Gottvertrauen öffnet, ist nach reformatorischer Einsicht allen Christenmenschen aufgetragen.

Obwohl nach dem Heidelberger Katechismus den Predigerinnen und Predigern, sozusagen als „Sprachrohr des Heiligen Geistes", dabei eine besondere Verantwortung zukommt.

Ich wage trotz deiner Fürsprache für den Heidelberger Katechismus noch einen inhaltlichen Einwand:

Letztendlich wird in seinen Antworten der wahre Gottesglaube und das „herzliche Gottvertrauen" dem Wirken des

Heiligen Geistes zugeschrieben. Und der wirkt ohnehin, „wo er will" und „wann er will".

Wir Menschen könnten demnach nicht mehr tun, als zu versuchen, dem Heiligen Geist nicht im Wege zu stehen. Oder wie du es eben formuliert hast: Predigende könnten versuchen, ein „Sprachrohr des Heiligen Geistes" zu sein, und so die Menschenherzen für den Glauben öffnen.

So wichtig ich es finde, dass Menschen sich nicht wegen ihres Gottvertrauens selbst rühmen, sondern es dankbar und demütig als Geschenk des Heiligen Geistes verstehen, so sehr stört mich die mögliche Vorstellung, Gott würde willkürlich bei dem einen Menschen durch seinen Heiligen Geist ein „herzliches Gottvertrauen" bewirken und bei dem anderen eben nicht.

Also auch wenn ich Karl Barth als theologischen Lehrer nicht so sehr verehre wie du, hier leuchtet mir seine Forderung nach einer dialektischen Rede – also nach einer Ergänzung der These durch eine Gegenthese – sehr ein.

Ich finde, der im Heidelberger Katechismus formulierte Satz „Der Heilige Geist wirkt das herzliche Vertrauen in mir" verlangt nach der Ergänzung: „Ich muss mein Herz vertrauensvoll für das Wirken des Heiligen Geistes öffnen."

Ebenso, wie der Satz „Gott schenkt aus lauter Gnade, allein um des Verdienstes Christi willen, den Menschen ewige Gerechtigkeit und Seligkeit" als seine Ergänzung den Satz braucht: „Der Mensch muss Gott suchen, zu Gott umkehren und sein Denken, Fühlen und Handeln an Jesus Christus ausrichten, damit ihm Gottes Gnade zuteilwerden kann."

Ich bin davon überzeugt und möchte gerne auch ganz viele andere Menschen davon überzeugen: Gottvertrauen schenkt uns ein Vertrauen über den Tod hinaus.

Gottvertrauen ist ein Dennoch-Vertrauen, das Menschen auch angesichts des Todes mit der Kraft erfüllt, das Leben zu lieben und hoffnungsvoll zu handeln.

Dieses Gottvertrauen können wir uns nicht durch unsere eigene Leistung verdienen und erhalten. Es ist und bleibt immer auch ein Geschenk Gottes.

Aber dieses Geschenk fällt Menschen nicht so einfach und vor allem nicht willkürlich in den Schoß – beziehungsweise in ihr Herz.

Gott will allen Menschen ein „herzliches Gottvertrauen" schenken. Aber wir müssen uns für sein Geschenk öffnen, bereit sein, es anzunehmen. Und wenn wir mit anderen darüber sprechen, braucht es auch hier Offenheit auf beiden Seiten.

Wir müssen nach Gott und seinem Wort suchen und fragen.

Und wir müssen versuchen, Jesus Christus mit unserem Glauben, Reden und Handeln nachzufolgen.

Dann, so denke ich, dürfen wir auf Jesu Verheißung vertrauen:

„Bittet, so wird euch gegeben; suchet, so werdet ihr finden; klopfet an, so wird euch aufgetan. Denn wer da bittet, der empfängt; und wer da sucht, der findet; und wer da anklopft, dem wird aufgetan" (Matthäus 7,7 f.).

Damit Menschen sich aber überhaupt auf die Suche nach Gott machen können, damit sie überhaupt bei Gott anklopfen und ihn um Gottvertrauen bitten können, müssen sie erst mal von ihm hören. Deshalb dürfen Menschen, die Gott gefunden haben, ihr Gottvertrauen nicht wie einen „Schatz im Acker" vergraben. Sie müssen von ihren Erfahrungen mit Gott und von ihrem Gottvertrauen erzählen.

Das war und das ist doch die Wirkung des Heiligen Geistes, der Nachfolgerinnen und Nachfolger Jesu Christi seit dem ersten Pfingstfest in Jerusalem inspiriert:

Menschen, die ein „herzliches Gottvertrauen" in sich spüren, wollen davon Zeugnis geben – mit ihren Worten und Taten. Sie wollen die Ohren, Augen und Herzen von anderen Menschen öffnen für die Suche nach Gott und für ein nachhaltiges Gottvertrauen.

Leider Gottes hatten in unserem Land und sogar in unserer Kirche viele Christinnen und Christen – auch wir beide! – in den 70er- und 80er-Jahren des letzten Jahrhunderts eine Scheu vor einer „missionarischen" Einladung zu Glauben und Gottvertrauen entwickelt und propagiert. Das führte dann beispielsweise dazu, dass biblische Geschichten, Gesangbuchlieder und Katechismustexte aus den Lehrplänen für den Religionsunterricht verschwanden und eine „Problemorientierung" die „Bekenntnisorientierung" ablösen sollte. Und auch im Katechumenen- und Konfirmandenunterricht traten religiöse Bildung und religiöses Lernen zurück zugunsten von sozialem Lernen und zugunsten der Anbahnung von Gemeinschaftserfahrungen von Jugendlichen bei Spiel und Sport.

Sowohl in der Öffentlichkeit wie auch in vielen privaten Bezügen wurde es fast zu einem Tabu, von Gott, von persönlichen Gotteserfahrungen und von dem eigenen Gottvertrauen zu reden. Wir wagten es manchmal eher, andere Menschen nach ihrem Sexualverhalten oder ihrer Parteizugehörigkeit zu fragen, als nach ihrer Gottesbeziehung.

Selbst bei der Ausschreibung und Besetzung von Arbeitsstellen in kirchlichen und diakonischen Einrichtungen wurden Bewerberinnen und Bewerber oft nicht nach ihrem Glauben gefragt. Der Satz: „Das Evangelische zeigt und erweist sich in fachlicher Kompetenz" wurde zum Motto, mit dem wir uns in vielen kirchlichen Bereichen gleichsam selbst säkularisiert haben.

Dies stelle ich rückblickend auch für meinen eigenen Religionsunterricht fest. Es hat einige Jahre gedauert, bis ich erkannte:

Ich bleibe meinen Schülerinnen und Schülern viel schuldig, wenn ich im Religionsunterricht nicht von meinem eigenen Gottvertrauen erzähle und wenn ich biblische Texte nur in verfremdeter Form zur Sprache bringe.

Gott sei Dank habe ich mich später getraut, meine Religionsstunden damit zu beginnen, dass ein Schüler oder eine Schülerin einen kurzen biblischen Text vorlas und dazu persönlich Stellung bezog. Je nach Alter der Schülerinnen und Schüler gebrauchten wir dazu eine Kinderbibel, die Jugendlosungen oder die Lutherbibel. Die Schülerinnen und Schüler wussten, dass es sich nicht negativ auf ihre Religionsnote auswirkte, wenn sie sich von der vorgelesenen biblischen Botschaft argumentativ distanzierten. Allerdings ließ ich auch bei den „Kleinen" – ich habe an einer Realschule unterrichtet und meine jüngsten Schülerinnen und Schüler waren zehn Jahre alt – eine pauschale Argumentation nicht durchgehen, die sich auf den Satz beschränkte: „Ich glaube nicht an Gott, deshalb ist dieser Bibeltext blöd."

Das sich dem Schülervortrag anschließende Unterrichtsgespräch sollte dann eigentlich höchstens fünf Minuten beanspruchen, damit noch ausreichend Zeit für den im Lehrplan vorgesehenen Stoff blieb. Aber gerade in meinen letzten Berufsjahren stellte ich zum einen eine immer größere Unkenntnis biblischer Geschichten und grundlegender Bibelkunde fest und zum anderen ein wachsendes Interesse, über Bibeltexte zu diskutieren und dabei sogar ganz persönliche Erfahrungen und Einschätzungen mit einzubringen. So manche Religionsstunde sind wir dann bei dem Bibeltext selbst stecken geblieben oder bei durch den Text inspirierten Fragen nach unserem Gottesglauben beziehungsweise nach unseren Gottesbestreitungen.

Ich habe bei diesen Gesprächen und Kontroversen mit Schülerinnen und Schülern viel für das Zur-Sprache-Bringen meines Gottvertrauens gelernt – für die Notwendigkeit wie auch für die praktische Umsetzung. Und mir wurde dabei ganz neu bewusst:

Gerade weil unsere Gesellschaft eine zunehmende religiöse Pluralität entfaltet und gerade weil wir für den christlichen Glauben einen zunehmenden religiösen Traditionsabbruch in unserem Land feststellen müssen, brauchen wir eine missionarisch einladende Sprache von Gott. Die wesentlichen Elemente müssen angesprochen werden, klar verständlich, aber auch nicht zu stark vereinfacht. Der Kern unseres christlichen Glaubens muss sichtbar gemacht werden. Es braucht Empathie für den Fragenden, Offenheit, persönliche Ansprache und Zeit, um auf neu entstehende Fragen sorgsame und liebevolle Antworten zu formulieren – in aller Klarheit.

Das sehe ich auch so. Jüngste Untersuchungen zum Gottesglauben heutiger Menschen in Deutschland zeigen: Es gibt eine Unkenntnis Gottes in zweiter und dritter Generation. Vor allem in den östlichen Bundesländern, aber auch in manchen Stadtteilen westlicher Großstädte lässt sich eine religiöse Kultur wahrnehmen, in der nicht erst theologische Antworten, sondern schon die Frage nach Gott für viele Menschen schlicht unverständlich ist. Gott, Glaube und Gottvertrauen sind wie Teile einer Fremdsprache, mit der manche Menschen wenig anfangen können. Zugleich gibt es in den Köpfen und Herzen von Menschen ganz vielfältige Mischungen religiöser Versatzstücke, in denen Fragen religiöser oder gar konfessioneller Herkunft völlig irrelevant sind. Menschen „switchen" zwischen Christentum, Buddhismus, Esoterik, Spiritismus und Magie, wie man von ARD zu ZDF, RTL oder Pro Sieben umschaltet.

Im Blick auf den Gott, der sich uns Menschen in der Heiligen Schrift und in Jesus Christus offenbar gemacht hat, könnte man unsere Zeit als eine Zeit der „Gott-Vergessenheit" charakterisieren. Die Krise unserer Zeit ist auch eine Krise des Gottvertrauens.

Und nicht erst seit dem Besuch von Papst Benedikt XVI. in Erfurt im Jahr 2011 hat die Evangelische Kirche in Deutschland in ökumenischer Gemeinsamkeit mit der römisch-katholischen Kirche die Frage nach Gott als eine theologische Schlüsselfrage unserer Zeit erkannt.

Waren Martin Luther und viele Menschen seiner Zeit noch von der Frage umgetrieben, wie sie einen *gnädigen Gott* finden, so sind viele Menschen heute umgetrieben von der Frage, ob es *Gott überhaupt* geben könne. Und es gibt nicht wenige Zeitgenossen, die den Glauben an Gott als eine Art chemische Funktion – unter Umständen sogar als eine Fehlfunktion – der Botenstoffe im Gehirn erklären. Andere kritisieren jegliches Gottvertrauen als eine Art Sinnes- und Selbsttäuschung mit den fatalen Folgen von Realitätsverlust, Engstirnigkeit und unkritischer Traditionshörigkeit.

Aber meine Erfahrung zeigt mir, dass die Bestreitung Gottes als Schöpfer und Herrn der Welt nur zu leicht zu einer Vergötzung der Natur und des Menschen führt. Mit dem Verweis auf ein der Aufklärung und der Wissenschaft verpflichtetes Denken wird der „Urknall" als Ursache und als Grund des Lebens aufgewertet und menschliche Kreativität und Geisteskraft werden als Garanten für eine zeitgemäße Zukunftshoffnung hochstilisiert.

Lange Zeit schien mir, als sei der aggressive Atheismus, der das 19. Jahrhundert und die erste Hälfte des 20. Jahrhunderts prägte, überwunden. Verstärkt aber tauchen heute wieder alte Polemiken in neuem Gewand auf. Wissenschaft steht gegen Glauben, Rationalität gegen Religion und Vernunft gegen Gottvertrauen. Der dann propagierte „notwendige Abschied" von Gott und die angepriesenen religionsfreien, rein diesseitigen und anthropozentrischen Überzeugungen bieten aber nachweislich keine Garantie dafür, dass Humanität im menschlichen Miteinander und in unserer Gesellschaft gestärkt wird. Ich denke da zum Beispiel an die Erfahrungen mit den totalitären Systemen des 20. Jahrhunderts, an Hitler und Stalin und andere Diktatoren.

Die Frage und die Sehnsucht nach Gott wachzuhalten und von unseren Gotteserfahrungen und unserem Gottvertrauen einladend zu erzählen – das ist gerade in den Zeiten von Gott-Vergessenheit und der Bestreitung von Gottes Existenz eine zentrale Aufgabe unserer Kirche und aller Christinnen und Christen. Hier ist meines Erachtens ganz konkret das „Priestertum aller Gläubigen" gefragt. Jede und jeder ist aufgefordert, das, was er oder sie selbst als gut und wahr erkannt hat, auch weiterzusagen. Anderen von seiner oder ihrer persönlichen Glaubensbeziehung zu erzählen, sie einzuladen und zu begeistern.

Wir brauchen, so wie du es schon beschrieben hast, eine neue Kreativität für das Zur-Sprache-Bringen unseres Gottvertrauens. Gottvertrauen kann bei Menschen wachsen, wenn unser Reden von Gott das Herz der Menschen erreicht und berührt. Dafür müssen wir, die wir im Gottvertrauen leben, unsere Herzen für die Fragen und Nöte unserer suchenden und zweifelnden Mitmenschen öffnen. Und auch wenn wir nicht Mose, Elia oder Jesus sind, können wir für unsere Mitmenschen zum „Mund Gottes" werden. Damit die biblische Botschaft von der Befreiung aus lähmenden Ängsten und Zwängen durch den Glauben auch im 21. Jahrhundert gehört, geglaubt und gelebt werden kann. Und damit ganz viele Menschen es neu hören und neu erfahren:
Gottvertrauen kann uns auch in unsicheren Zeiten wirklich tragen.

115

Kapitel 9

Gottvertrauen ist kein „Ja und Amen" zu allem, was geschieht

Es gibt Texte und Geschichten in der Bibel, die stärken mein Gottvertrauen nicht, sondern stellen es ganz grundsätzlich in Frage. Die Geschichte, die in der Lutherbibel mit „Abrahams Versuchung" überschrieben ist, gehört dazu.

Gott erteilt darin Abraham den Auftrag:

„Nimm Isaak, deinen einzigen Sohn, den du lieb hast, und geh hin in das Land Morija und opfere ihn dort zum Brandopfer auf einem Berge, den ich dir sagen werde" (1. Mose 22,2).

Man mache sich das einmal klar:

Da hat sich Abraham im Vertrauen auf das Wort eines ihm bis dahin unbekannten Gottes von seiner Heimat getrennt. Er hat auf Gottes Verheißung vertraut, auf die große Verheißung, dass Gott ihm ein neues Heimatland schenken und ihn zu dem Stammvater eines großen Volkes machen werde. Im Vertrauen auf diese Verheißung ist Abraham mit seiner Frau Sara in eine unbekannte und ungewisse Zukunft aufgebrochen. Lange haben die beiden darauf warten müssen, dass Gott damit beginnt, seine Zusage sichtbar und greifbar zu erfüllen. Erst im hohen Alter wird ihnen ihr erster und einziger gemeinsamer Sohn Isaak geboren.

Und jetzt verlangt Gott von Abraham, dass er ihm diesen geliebten Sohn eigenhändig opfert als Beweis dafür, dass er Gott mehr liebt als alles andere.

Und – was ich völlig unverständlich an der Geschichte finde – Abraham widerspricht und widersteht dieser Forderung Gottes nicht.

Als Gott ihm von seinem Plan Kenntnis gab, die Stadt Sodom zu vernichten, hatte Abraham durchaus versucht, Gott von diesem Vorhaben abzubringen. Jetzt aber, wo von ihm die Tötung seines eigenen Sohnes gefordert wird, fügt er sich klaglos diesem grausamen Willen Gottes und zieht mit Isaak los. „Und als sie an die Stätte kamen, die ihm Gott gesagt hatte, baute Abraham dort einen Altar und legte das Holz darauf und band seinen Sohn Isaak, legte ihn auf den Altar oben auf das Holz und reckte seine Hand aus und fasste das Messer, dass er seinen Sohn schlachtete"(1. Mose 22,9 f.).

Gut, die biblische Geschichte wendet sich an dieser Stelle zu einem „Happy End":

Der Engel des Herrn erscheint und gebietet Abraham im letzten Moment Einhalt. Isaak wird losgebunden und statt seiner wird ein Widder geschlachtet.

Die im Anschluss daran erzählte „Moral" der Geschichte ist für mein Gottvertrauen dann aber doch wieder unerträglich: Abraham wird im Namen des Herrn gelobt und gesegnet, *weil* er bereit war, für Gott seinen Sohn zu schlachten. Der Engel verkündigt ihm als Wort Gottes:

„*Weil* du solches getan hast und hast deines einzigen Sohnes nicht verschont, will ich dein Geschlecht segnen und mehren wie die Sterne am Himmel..."(1. Mose 22,16 f.).

Also für mich ist ganz klar: Einem Gott, der von mir forderte, als Beweis meiner Liebe zu ihm meine eigenen Kinder zu töten, einem solchen Gott wollte und könnte ich kein Vertrauen entgegenbringen!

Du willst also sagen:
Der Gott, von dem in dieser Geschichte die Rede ist, ist nicht dein Gott.
Und diese Geschichte von der Versuchung Abrahams sollte besser nicht in der Bibel stehen.
Findest du das nicht vermessen, wenn du deine Gottesvorstellungen und dein Gottvertrauen zum Maßstab für biblische Texte und Geschichten machst?

Ja, ich finde das schon „vermessen" von mir und ich bin auch nicht stolz darauf. Denn ich sehe durchaus das Problem: Wenn jede Christin und jeder Christ die Bibeltexte durch den Filter der jeweils eigenen Gottesvorstellungen laufen ließe, dann wären eine Kirchengemeinschaft und eine Glaubensgemeinschaft mit verbindlichen Glaubensbekenntnissen nicht mehr möglich.

Ich sehe die Begrenztheit meiner persönlichen Gotteserkenntnis. Im Verlauf meiner eigenen Glaubensgeschichte habe ich oftmals erlebt, wie sich meine Gottesbilder veränderten und immer noch verändern. Und wie Bibeltexte, die mir gestern noch nichtssagend erschienen oder inhaltlich wirklich Probleme gemacht haben, mir heute Trost und Wegweisung geben können.

Bei einigen biblischen Texten und Geschichten sagen mir aber mein Herz und mein Verstand, dass sie das Evangelium – also die *frohe Botschaft* von Gottes Menschenliebe und Gottes Menschennähe – verdunkeln. Und sie haben – leider Gottes – auch eine bedrückende Wirkungsgeschichte, weil sie das Gottvertrauen vieler Menschen zerstört haben! Zu diesen Texten gehört für mich eben auch die biblische Geschichte von Abrahams Versuchung.

Gott sei Dank verlangt der christliche Glaube nicht von mir, dass ich glauben muss, Gott hätte Menschen alle biblischen Texte und Geschichten in die Feder diktiert.

Nein, das verlangt er nicht. Und auch unser Reformator Martin Luther hat sich die Freiheit genommen, etwa den Jakobusbrief als „stroherne Epistel" zu bezeichnen, weil einige Texte dieses Briefes seiner Theologie nicht entsprachen.

Martin Luthers Filter zur Bewertung und Gewichtung von Bibeltexten war, „was Christum treibet" – also was Menschen näher zu Christus bringt.

Vielleicht ist dieser Filter dem deinen inhaltlich sogar ziemlich nahe. Denn biblische Geschichten und Texte, die das Vertrauen der Menschen in eine liebevolle Gegenwart Gottes behindern, die lassen Menschen wohl kaum den Spuren Christi folgen.

Ich bin aber ziemlich sicher, dass Martin Luther die Geschichte von der Versuchung Abrahams anders gelesen und empfunden hat als du.

Gott mehr als alles Irdische zu lieben – und darum geht es in der Geschichte –, das gehörte für Martin Luther durchaus zu einem erstrebenswerten Gottvertrauen. So schreibt er beispielsweise in seinem „Kleinen Katechismus" zum ersten Gebot:

„Ich bin der Herr, dein Gott.
Du sollst nicht andere Götter haben neben mir.
Was ist das?
Wir sollen Gott über alle Dinge fürchten, lieben und vertrauen."

Und in seinem wohl bekanntesten Reformationslied „Ein feste Burg ist unser Gott" dichtete er:

> *„Ein feste Burg ist unser Gott,*
> *ein gute Wehr und Waffen.*
> *Er hilft uns frei aus aller Not,*
> *die uns jetzt hat betroffen.*
> *...*
> *Das Wort sie sollen lassen stahn*
> *und kein' Dank dazu haben;*
> *er ist bei uns wohl auf dem Plan*
> *mit seinem Geist und Gaben.*
> *Nehmen sie den Leib,*
> *Gut, Ehr, Kind und Weib:*
> *lass fahren dahin,*
> *sie haben's kein Gewinn,*
> *das Reich muss uns doch bleiben."*

So gerne ich dieses Lied auch alljährlich im Reformationsgottesdienst singe, diese letzte Strophe ist mir doch etwas zu vollmundig geraten. Mir bleiben dabei regelmäßig die Worte im Halse stecken. Und ganz dankbar nehme ich in den Jahren seit Meikes Tod wahr, dass auch du diese Strophe nur noch sehr leise oder gar nicht mehr mitsingst.

Gott über alle „Dinge" fürchten, lieben und vertrauen, das ist auch mein Bestreben. Aber wenn das auch „über alle Menschen" heißen soll, dann mache ich an diese Forderung ganz viele Fragezeichen.

Ich kann und will meine Liebe zu Gott nicht in Konkurrenz sehen zu meiner Liebe zu dir, zu unseren Kindern und Enkelkindern.

Ich bin auch nicht davon überzeugt, dass Martin Luther das tat, auch wenn die letzte Zeile seines Liedes danach klingt. Als seine Tochter starb, war er der Überlieferung nach wirklich verzweifelt. Er hat sich selbst gefragt, warum er so traurig sei, obwohl er sich doch eigentlich darüber freuen müsste, dass seine gestorbene Tochter jetzt in Gottes Herrlichkeit leben kann.

Und ich bin davon überzeugt: Wenn eine innere Stimme von Martin Luther gefordert hätte, er selbst solle seine Tochter töten, nur um damit zu zeigen, dass er Gott mehr liebe als alles andere auf dieser Welt, dann hätte er diese innere Stimme nicht als Stimme Gottes gedeutet. Bestimmt hätte er darin eher eine Versuchung des Satans vermutet.

Denn das war und das ist doch ein ganz grundsätzliches Problem für alle gottesfürchtigen Menschen, in welcher Religion auch immer:

Menschen können Gottes Stimme niemals eindeutig von ihrem eigenen Denken und Fühlen unterscheiden. Gotteswort und Menschenwort sind in dieser Welt – auch in der Bibel – eine untrennbare und im Einzelnen nicht zuzuordnende Verbindung miteinander eingegangen.

Das finde ich manchmal sehr schade. Denn ich wünschte mir in schwierigen Situationen schon manchmal, dass sich der Himmel öffnete und Gott eindeutig „Klartext" zu den Menschen spräche – in privaten wie auch in politisch-öffentlichen Bereichen.

Andererseits aber habe ich ein großes Misstrauen gegenüber allen Menschen, die behaupten, sie wüssten genau, was Gott in vergangenen Zeiten geredet hat und was Gott heute von den Menschen fordert.

Und ein noch größeres Misstrauen habe ich gegenüber allen Menschen, die behaupten, sie dürften oder müssten andere im Auftrag oder im Namen Gottes bevormunden, eingrenzen, verurteilen oder sogar töten.

Ich muss gestehen, dass ich eigentlich weniger Gott fürchte als vielmehr fundamentalistische Religionsanhänger, die sich anmaßen, Gottes Gericht auf Erden zu vollstrecken.

Auch ich habe bis zu Meikes Krankheit und Sterben die Aufforderung Martin Luthers, wir Menschen sollen Gott „fürchten", so verstanden, dass ich „ehrfürchtig" sein soll vor Gott. Ich sah darin mehr den Aspekt, die Größe und Unverfügbarkeit Gottes demütig anzuerkennen, als den Aspekt eines angstvollen Erschreckens.

Die Forderung „Wir sollen Gott fürchten und lieben" – mit diesem Satz leitet Martin Luther in seinem Kleinen Katechismus übrigens alle seine Erklärungen der 10 Gebote ein – macht mir heute bewusst, dass eine Reduzierung unserer Gottesvorstellungen auf den „lieben Gott" zu kurz greift.

Gott begegnet Menschen nicht nur als ein „lieber Gott". Er begegnet Menschen auch als zürnender, richtender und strafender Gott. Davon erzählen uns viele Geschichten der Bibel. Und viele Menschen können mit ihren Lebens- und Glaubensgeschichten bis heute davon erzählen.

Gottes Wort wird auch im Neuen Testament nicht einfach mit Gottes „zärtlicher Zuwendung" und mit einer göttlichen „Schmusepädagogik" identifiziert. So heißt es etwa im Hebräerbrief:

„Denn das Wort Gottes ist lebendig und kräftig und schärfer als jedes zweischneidige Schwert und dringt durch, bis es scheidet Seele und Geist, auch Mark und Bein, und ist ein Richter der Gedanken und Sinne des Herzens" (Hebräer 4,12).

Auch wir beide haben erfahren, dass uns unser Glaube und unser Gottvertrauen nicht vor Leiden und Schmerzen bewahrt haben. Wir haben, als Meike schwer krank wurde, geglaubt, gebetet und gehofft bis zuletzt. Und es ist dennoch keine Heilung, keine Wendung, kein erhofftes Wunder eingetreten.

Ich denke, menschliches Gottvertrauen „hat auf Sand gebaut", wenn es einen allzeit lieben und sanftmütigen Gott voraussetzt.

Glaube ist beileibe auch kein Garant dafür, dass alles gut ist oder wird, was Menschen im Namen Gottes tun. Manchmal bin ich wirklich entsetzt, was „Christen" anrichten können. In unserer Kirche haben wir uns in den letzten Jahren damit auseinandersetzen müssen, dass es gerade auch in christlichen Elternhäusern und in kirchlichen Erziehungseinrichtungen schreckliche Vorfälle gab, die im Zeichen einer „schwarzen" Pädagogik standen. Im Namen und im vermeintlichen Auftrag Gottes wurden Angst und Schmerzen als Erziehungsmittel eingesetzt. Vielen Kindern und Jugendlichen wurde mit seelischer und körperlicher Gewalt ihr Selbstbewusstsein und ihr Selbstvertrauen zerstört. Und leider Gottes hat diese „schwarze" Pädagogik zumindest eine Wurzel in der „schwarzen" Theologie, also in einer Theologie, die sich auf die dunkle Seite Gottes zentriert. „Schwarze" Theologie orientiert ihre Gottesvorstellungen etwa an der von dir kritisierten biblischen Erzählung von der Versuchung Abrahams. Sie beruft sich auf den Gott, der als Liebesbeweis verlangte, dass ein Vater seinen einzigen und innig geliebten Sohn tötet, und der Jahrhunderte später dann selbst das Blutopfer seines einzigen, geliebten Sohnes vollzieht, um uns Menschen unsere Sünden vergeben zu können.

Geprägt von dieser „schwarzen" Theologie haben über Jahrhunderte kirchliche Theologen und Prediger den Menschen mit Höllenqualen gedroht, um sie in Angst und Schrecken zu versetzen und ihre Herzen damit für Gott und die Kirche zu öffnen. So wurde Macht über das Denken und Fühlen und über die Seelen der Menschen ausgeübt. Das ging bis zum üblen Missbrauch im kirchlichen Ablasshandel, der die Verkürzung der Qualen im Fegefeuer gegen Geldzahlungen an kirchliche Ablasshändler versprach.

Zumindest dieses Übel hat die Reformation überwinden können!

Wenn ich mit Martin Luther dafür plädiere, dass unser Gottvertrauen das Fürchten *und* Lieben Gottes umschließen soll, dann geht es mir nicht um grausame, blutrünstige und rachsüchtige Gottesbilder. Und vor allem will ich nicht Menschen ermutigen oder gar rechtfertigen, die sich anmaßen, göttliche Strafen und Gottes Gericht schon hier auf der Erde zu vollstrecken. Ich glaube nämlich wirklich nicht, dass Angst und Schrecken Lehrmeister für ein nachhaltiges Gottvertrauen sein können.

Aber uns muss bewusst bleiben, dass Gott grundsätzlich mehr und auch anders ist als unsere schönen und angenehmen Vorstellungen von ihm. Wenn wir alle dunklen und uns fremden Seiten Gottes, die uns in der Bibel und in unserem Leben begegnen, aus unserer Gottesvorstellung eliminieren, dann schaffen wir uns einen Gott „nach unserem Bilde". Und dann wird unser Gottvertrauen zerbrechen, sobald das von uns erlebte Wirken Gottes nicht mehr in unser Bild passt.

Meinst du denn, wir Menschen sollten und müssten deshalb akzeptieren, dass auch unser Leiden von Gott kommt? Und sollten und müssten Menschen dann – Gott fürchtend und liebend – diese Leid-Erfahrungen mit einem „Ja und Amen" aus Gottes Hand nehmen?

Das kann ich nicht und das will ich nicht.

Es mag ja Menschen geben, die wie einst König David sagen können:

„Siehe, hier bin ich. [Der Herr] mach's mit mir, wie es ihm wohlgefällt" (2. Samuel 15,26).

Und die dann alles, was ihnen geschieht, demütig – und vielleicht sogar dankbar – als das ihnen von Gott zugedachte Schicksal deuten und annehmen.

Dietrich Bonhoeffer war wohl solch ein Mensch.

Er hat im Gefängnis – Folter und Todesstrafe vor Augen –

sein Gottvertrauen in einer mir immer wieder neu unbegreiflichen Weise verdichtet, als er bekannte:

„Und reichst du (Gott) uns den schweren Kelch,
*   den bittern,*
des Leids, gefüllt bis an den höchsten Rand,
so nehmen wir ihn dankbar ohne Zittern
aus deiner guten und geliebten Hand."[8]

Und er schrieb aus dem Gefängnis an seinen Schwager Hans von Dohnanyi, dass für ihn Gottvertrauen bedeute, das Leiden „männlich und stark", ohne Auflehnung, Klagen und Zweifel zu akzeptieren. Denn:

„Solche Dinge kommen von Gott und ihm allein, und ich weiß mich darin mit Dir und mit Christel eins, dass es vor ihm nur Unterwerfung, Ausharren, Geduld – und Dankbarkeit gibt. Damit verstummt jede Frage nach dem ‚Warum', weil sie ihre Antwort gefunden hat."[9]

Meine Frage nach dem „Warum" angesichts des Unrechts und des Leidens auf dieser Welt hat ihre Antwort *nicht* in meinem Gottvertrauen gefunden!

Ich lebe und glaube und vertraue mit ganz vielen offenen Warum-Fragen.

Und ich will und kann einfach nicht glauben, dass Gott von uns Menschen nur „Unterwerfung, Ausharren, Geduld und Dankbarkeit" fordert.

Gott sei Dank erzählen uns die biblischen Geschichten auch von Personen, die im Bund mit Gott lebten und dennoch nicht „Ja und Amen" zu allem sagten, was ihnen widerfuhr.

So finde ich mich mit meinem Gottesglauben und mit meinem Gottvertrauen eher in den biblischen Gestalten Hiob und Jakob wieder. Denn sie wagten es, mit Gott zu streiten und zu ringen.

Es ist ja nicht so, dass ich mir von Gott ein leidfreies Leben erwarte. Und ich glaube durchaus, dass alles Leid und alles Unrecht dieser Welt im Machtbereich Gottes liegt – also dass Gott wirkmächtig eingreifen könnte, wenn er wollte.

Ein ohnmächtiger Gott, der nur mitleiden kann, wenn Menschen leiden, kann nicht die Basis meines Vertrauens und Hoffens sein. Deswegen mag ich auch die theologische Deutung nicht, die Gott vollständig mit dem irdischen Jesus identifiziert. Die auf die Frage, wie Gott den Kreuzestod Jesu zulassen konnte, antwortet: Gott hat Jesu Tod nicht zugelassen, sondern er starb selbst den Tod am Kreuz. Ich frage mich dann immer: Wem hat der sterbende Jesus dann seine gefühlte Gott-Verlassenheit geklagt und in wessen Hände konnte er sich zuletzt getrost und vertrauensvoll fallen lassen?

Die theologische Vorstellung von einem ohnmächtig mitleidenden Gott ist mir nicht genug, wenn ich mich in meinem Leben und Sterben wirklich getragen wissen will.

Und noch größere Probleme macht mir die Vorstellung von einem mitleidlosen Gott, der Unrecht und Leid erbarmungslos einsetzt, um Menschen zu erziehen oder zu prüfen. Auch ein solcher Gott kann nicht ein tragender Grund meines Vertrauens und Liebens sein.

Der Grund meines Gottvertrauens liegt in einem unauflöslichen Zusammenhang von Gottes Macht und Gottes Menschenliebe. Und weil auf dieser Welt so vieles geschieht, was ich nicht mit dem Zusammenwirken von beidem in Einklang bringen kann, deshalb bleiben für mich – anders als offensichtlich für Dietrich Bonhoeffer – eben ganz viele Fragen nach dem „Warum" offen.

Und deshalb brauche ich für mein Gottvertrauen die Freiheit des Glaubens, auch mein Klagen, Fragen und Zweifeln vor Gott bringen zu dürfen – und eben nicht nur Furcht, Ehrfurcht und ergebene Dankbarkeit!

Diese Widersprüche und Fragen, die du da ansprichst, werden theologisch zusammengefasst und zugespitzt in der Frage nach Gottes Gerechtigkeit. Sie bewegt Menschen, seit sie sich mit den Vorstellungen und mit dem Bekenntnis von Gottes Allmacht *und* Gottes Menschenliebe auseinandersetzen. Warum handelt Gott so und nicht anders? Warum bekommen die einen genug zum Leben und die anderen hungern? Warum sterben die einen während eines Erdbebens und andere überleben inmitten der Trümmer ihres Hauses unverletzt? Warum entkommen Mörder ungestraft und Unschuldige werden eingesperrt? Warum passieren auch Christen immer wieder schreckliche Unfälle?

Ich bin davon überzeugt, es wird für Christinnen und Christen niemals eine allgemeingültige und zeitlos richtige Antwort auf die Frage geben, wie Gottes Macht und Gottes Liebe in Gottes Gerechtigkeit aufgehoben sein können. Und wir werden auch an den theologischen Fakultäten mit all unserem theologischen Forschen und Wissen den augenscheinlichen Widerspruch von Gottes Liebe, Gottes Macht und Gottes Gerechtigkeit zu dem Unrecht und Leiden in dieser Welt nicht auflösen können.

Allerdings bin ich davon überzeugt:

Einzelne Menschen machen die Erfahrung, dass Schicksals-schläge sie dazu bringen, ihr Leben zu überdenken und zu ändern. Und manchmal werden sie Gott in ihrem Gottvertrauen sogar für bestimmte Leid-Erfahrungen danken können, weil diese ihr Herz neu für Gottes Wort geöffnet haben. Aber ein solches persönliches Erkennen und Bekennen betroffener Menschen darf dann nicht zu einer allgemeingültigen theologischen Antwort auf die Frage nach dem „Warum" des Leidens festgeschrieben werden. Gott handelt nicht nach unseren Maßstäben und unseren Vorstellungen.

Und es ist für mich theologisch und menschlich nicht akzeptabel, wenn einem Leidenden „von außen" – also von einem nicht vom Leid betroffenen Menschen – erklärt wird: Es gibt einen kausalen Zusammenhang zwischen deinem Handeln, deinem Leiden und dem Handeln Gottes an dir. Besonders unbarmherzig sind derartige Erklärungen, wenn kranken Menschen ihre Krankheit als eine göttliche Strafe für ihr Fehlverhalten gedeutet wird. Und wenn dann sogar noch eine ausbleibende Heilung mit einem mangelhaften Glauben und mit mangelndem Gottvertrauen des Kranken in einen kausalen Zusammenhang gestellt wird.

Auch ich lebe – wie du – mit sehr vielen offenen „Warum-Fragen". Mir fehlen eindeutige Antworten, sowohl im Blick auf Meikes meiner Ansicht nach unnötiges und viel zu frühes Sterben, als auch im Blick auf das Nicht-Eingreifen Gottes im Holocaust und auch bei den Leid und Tod bringenden Verbrechen und Katastrophen, die uns immer wieder neu erschrecken lassen. Wie konnte Gott das alles zulassen?

Die Erzählung von Hiob gehört übrigens auch für mich zu den faszinierendsten biblischen Geschichten. Die Rahmenerzählung macht uns deutlich, dass Hiob wirklich unverdient leidet. Gott gestattet in dieser Erzählung dem Satan, das Gottvertrauen Hiobs durch Leid-Erfahrungen auf die Probe zu stellen, ohne dass dieser sich irgendetwas hat zu Schulden kommen lassen. Mich beeindruckt es immer wieder neu, wenn ich lese, wie Hiob sich dann allen einfachen Erklärungen im Blick auf sein Unglück verweigert. Wie er mit seinen Freunden und auch mit Gott selbst in langen Gesprächen ringt. Wie er an seiner Gottesbeziehung und seinem Gottvertrauen festhält, obwohl er die Wege Gottes mit ihm nicht versteht.

Kein „Ja und Amen" und kein „Danke, Gott!" zu dem, was ihm geschieht. Aber auch keine Absage an Gott und an sein Gottvertrauen – wie es ihm seine Frau nahelegt.

Gottvertrauen wird meines Erachtens in unserer Welt immer auch ein **Vertrauen gegen den Augenschein** bleiben müssen, also ein **Dennoch-Vertrauen**. Noch eindrücklicher als in der Hiobgeschichte wird uns das in der Passionsgeschichte Christi deutlich. So erzählt uns das Matthäusevangelium von Gesprächen der Menschen unter dem Kreuz Jesu:

„Desgleichen spotteten auch die Hohenpriester mit den Schriftgelehrten und Ältesten und sprachen: Andern hat er geholfen und kann sich selber nicht helfen. Ist er der König von Israel, so steige er nun vom Kreuz herab. Dann wollen wir an ihn glauben. Er hat Gott vertraut; der erlöse ihn nun, wenn er Gefallen an ihm hat ..."(Matthäus 27,41 ff.).

Menschen, deren Gottvertrauen sich darauf gründet, dass Gott sie hier auf der Erde vor Krankheit, Schmerzen, Unglück,

Versagen und Niederlagen bewahrt, jagen einem Phantom-Gott nach.

Jesus hat Gott auch in seinem Leiden und Sterben vertraut. Die Geschichte von Jesus im Garten Gethsemane am Vorabend seiner Kreuzigung zeigt uns, dass auch ihm kein unbeschwertes „Ja und Amen" zu seinem Leiden über die Lippen kam. Auch Jesus hat mit Gott gerungen, ehe er sich dessen Willen überließ: „Mein Vater, ist's möglich, so gehe dieser Kelch an mir vorüber; doch nicht wie ich will, sondern wie du willst!" (Matthäus 26,39).

Nachfolge heißt zunächst einmal, Gott wirklich zu vertrauen. Wie Jesus dürfen auch wir uns in unserem Gottvertrauen die Freiheit nehmen, vor Gott zu klagen und mit Gott zu ringen. Und wie Jesus können wir uns letztendlich vertrauensvoll in Gottes Willen ergeben und in Gottes Hände fallen lassen.

Wenn wir wie Jesus in unserem Leben und Sterben an solch einem Dennoch-Vertrauen zu Gott festhalten, dann wird uns die Gewissheit geschenkt:

„Wir wissen aber, dass denen, die Gott lieben, alle Dinge zum Besten dienen" (Römer 8,28a).

Dass Gott von uns Menschen fraglose Ergebenheit und vielleicht sogar Dankbarkeit erwartet, wenn wir Leid, Schmerzen und Tod auf uns nehmen müssen, glaube ich nicht.

Aber ich kann und will Gott dafür danken, dass ich in ihm eine „Adresse" für meine „Warum-Fragen" im Leiden und angesichts des Leidens habe, auch wenn mir in meinem irdischen Leben auf diese Fragen keine mein Herz und meinen Verstand überzeugende Antworten zuteilwerden.

Ich danke Gott dafür, dass ich mich bislang auch in meinen schweren Tagen und Stunden von seiner Kraft getragen fühlte.

Dass ich Gottes Nähe spürte, auch wenn er augenscheinlich nicht rettend und heilend eingegriffen hat. Als Meike in unseren Händen starb, war ich völlig am Ende. Es gab kein Halten mehr – kein Festhalten. Aber ich habe dabei die Erfahrung gemacht, dass ich gehalten wurde.

Und ich danke Gott auch dafür, dass ich mich mit meinen offenen Fragen und mit allen Beschwernissen bislang immer von geliebten und liebenden Menschen – besonders auch von dir – begleitet wissen konnte.

Aus all diesen Gründen bleiben meine offenen „Warum-Fragen" getragen von einer Grundmelodie der Dankbarkeit Gott gegenüber und vielleicht können sie gerade auch deshalb mein Gottvertrauen nicht nachhaltig zerstören.

Kapitel 10
Selbstvertrauen heißt nicht Selbstgerechtigkeit

Nur wer zuerst geliebt wird, kann sich zu einem liebenswerten Menschen entwickeln und dann auch selbst Liebe verschenken. Und nur wem zuerst Vertrauen geschenkt wird, kann zu einem vertrauenswürdigen Menschen heranwachsen und dann auch selbst Vertrauen wagen und schenken. Diese Einsicht ist nach unserer Überzeugung und nach unserer Erfahrung das „A und O" der Kindererziehung. Alle anderen pädagogischen Theorien und Verhaltensmodelle sind demgegenüber zweitrangig.

Wenn Kindern von ihren Eltern oder anderen Erziehenden Liebe und Vertrauen entgegengebracht werden, dann können sie eine gesunde Selbstliebe und ein gesundes Selbstvertrauen entwickeln und zu liebevollen und vertrauensvollen Erwachsenen heranwachsen. Und nur, wenn ihnen auch später in ihrem Erwachsenenalter immer wieder aufs Neue Liebe und Vertrauen von anderen Menschen geschenkt werden, können sie als Beschenkte eine Dennoch-Liebe und ein Dennoch-Vertrauen bewahren und weitergeben. Eine Liebe, die auch den Erfahrungen von Lieblosigkeit standhält, und ein Vertrauen, das sich auch durch Misstrauen und durch enttäuschtes Vertrauen nicht zerstören lässt. Und nur, wenn ihre Selbstliebe an die Nächstenliebe gebunden bleibt, wird sie nicht zur Egozentrik verkommen. Und nur, wenn ihr Selbstvertrauen an das Vertrauen zu Gott und zu Mitmenschen gebunden bleibt, verkommt es nicht zur Selbstgerechtigkeit.

Egozentrik und Selbstgerechtigkeit sind die krankhaften und zerstörerischen Auswüchse von Selbstliebe und Selbstvertrauen.

Ein Mensch, der sich selbst nur deshalb liebt, weil er sein eigenes „Ich", also sein Aussehen, seinen Verstand und seine eigenen Fähigkeiten, perfekt und wunderbar findet, der hat gleichsam „auf Sand gebaut". Denn wenn nicht schon in seinen jungen Jahren unglückliches Fehlverhalten und schuldhaftes Versagen das Fundament seiner Selbstliebe zum Wanken bringen, so werden es doch später die Krankheiten und die Beschwernisse des Alterns tun.

Wer sein Selbstvertrauen aus einer egozentrischen Selbstliebe gewinnt, der ist letztendlich beziehungsunfähig. Sein Selbstvertrauen wird dann nicht zu einer Grundlage für das Vertrauen zu anderen Menschen, sondern zu einem Hindernis. Und ein Selbstvertrauen, das die Grenze zur Selbstgerechtigkeit überschreitet, verhindert und zerstört jedes echte Gottvertrauen. Denn wer sich selbst genug ist und sich selbst vor Gott und vor den Menschen rechtfertigen will, der meint ja, keinen Gott zu brauchen. Er vergöttert sich letztendlich selbst. Wir müssen also nach einem Selbstvertrauen fragen und suchen, das sich ganz grundsätzlich von der Selbstgerechtigkeit unterscheidet.

Genau dazu fällt mir eine Geschichte ein, die der jüdische Theologe und Philosoph Martin Buber uns überliefert hat:

„Rabbi Bunam nämlich sagte zu seinen Schülern: Jeder von euch muss zwei Taschen in seiner Jacke haben, um bei Bedarf in die eine oder in die andere greifen zu können. In der einen Tasche liegt ein Zettel, auf dem steht: ‚Das Universum ist um deinetwillen geschaffen.‘ Auf dem Zettel in der anderen Tasche steht: ‚Du bist Staub und Asche.‘"

Manchmal scheint es mir, dass viele Menschen nur einen dieser beiden Zettel bei sich tragen. Unsere Welt leidet daran, dass Menschen eine der beiden Botschaften verabsolutieren. Sie leidet, wenn einzelne Menschen sich in all ihrem Tun und Lassen nur auf sich selbst konzentrieren. Wenn sie sich in Egozentrik und Selbstgerechtigkeit zum Maß aller Dinge machen – zum „master of the universe", wie sich maßlose Wallstreet-Banker kurz vor dem Kollaps der Lehmann-Banken nannten. Wenn Mitmenschlichkeit, solidarisches Teilen und Gottvertrauen nur leere Worthülsen sind, wenn das „Ich" zum Dreh- und Angelpunkt allen Handelns wird.

Aber unsere Welt leidet auch, wenn Menschen ihre Bedeutungslosigkeit und ihre Ohnmacht verabsolutieren. Wenn sie kein Selbstvertrauen, also kein Zutrauen zu sich und zu ihren eigenen Möglichkeiten und Fähigkeiten haben. Wenn sie deshalb auch kein Vertrauen zu anderen Menschen und zu Gott entwickeln können. Und wenn sie sich dann stumm und tatenlos der Armut und dem Unrecht auf dieser Welt ausliefern und diese Welt nur als ein „Jammertal" verstehen, das sie auf ihrem Weg in die himmlische Herrlichkeit aushalten müssen.

Die Bibel will uns die Botschaften beider Zettel in unsere Herzen schreiben.

Zum einen: Wir Menschen können die Differenz zwischen Gott, dem Schöpfer und Herrn des Lebens, und uns Menschen, seinen Geschöpfen, niemals durch unser eigenes Denken und Tun überbrücken. Wir Menschen haben mit unserer „Natur" Anteil an der Vergänglichkeit alles Geschaffenen. Wir sind Staub und Asche!

Zum anderen aber: Das Gottesgeschenk der „Gott-Ebenbildlichkeit" ruft und befähigt uns Menschen zum Gottvertrauen und darin dann zu Kreativität und zur Freiheit. Damit wir Verantwortung übernehmen für uns und unsere Mitmenschen, für unsere Welt und für das von Gott geschaffene Universum. Gott will Menschen die Kraft schenken, Recht und Gerechtigkeit auf der Welt erfahrbar zu machen und seine Schöpfung zu „bebauen und zu bewahren". Darum ist das Universum um unseretwillen geschaffen!

Beide Botschaften gehören zusammen, so wie auch unsere menschlichen Reaktionen darauf:
Demut und Ehrfurcht vor Gott und gleichzeitig ein Selbstvertrauen, dass Gottes Kraft auch in uns persönlich wirksam werden kann und will.
Wenn wir diese beiden Botschaften zusammenhalten, dann kann unser Selbstvertrauen gar nicht zur Selbstgerechtigkeit verkommen.

Leider Gottes haben es die christlichen Kirchen und die christliche Theologie in den letzten zwei Jahrtausenden nicht geschafft, diese beiden Botschaften im Blick auf das

Selbstbewusstsein und Selbstvertrauen von uns Frauen zusammenzuhalten. Es drängt mich an dieser Stelle dann doch, einen kritischen Blick auf das Reden von Gott in männlichen Bildern und Vorstellungen zu werfen.

Das „Männer-Problem" unserer Theologie- und Kirchengeschichte liegt für mich weniger darin, dass Gott durch unsere menschlichen Vorstellungen und Bilder „vermännlicht" wurde und wird. Das eigentliche Problem liegt für mich darin, dass Männer sich und ihr Geschlecht durch diese männlichen Gottesbilder selbst „vergotten". Männer haben immer wieder ihrem eigenen Geschlecht eine direkte Gott-Ebenbildlichkeit zugesprochen und uns Frauen nur eine vom Mann abgeleitete. Eva wurde der einen biblischen Überlieferung nach von Gott aus einer Rippe des Mannes geschaffen. Sie war danach eine „Männin" und sollte ihre Bestimmung und Erfüllung darin finden, dem Mann untertan zu sein und ihre Lebensplanung und Lebensgestaltung auf „Kirche, Küche, Kinder" zu beschränken. Dieses in unzähligen Variationen entfaltete Grundverständnis war nicht gerade förderlich für das Selbstvertrauen von Frauen. Vor allem dann nicht, wenn es auch noch mit der Theorie verbunden wurde, dass Frauen das „Einfallstor" der Sünde waren und sind. Weil Satan mit den von Gefühlen und körperlichem Verlangen dominierten Frauen ein viel leichteres Spiel hätte als mit den an Geist und Verstand orientierten Männern.

Unsere christliche Tradition mag sich gegenwärtig im Blick auf die Geschlechtergerechtigkeit gegenüber dem islamischen Glauben sehr fortschrittlich wähnen – in mancherlei Hinsicht ist sie es auch. Aber ein differenzierter und selbstkritischer Blick zeigt doch:

Noch immer dominieren Männer die christliche Theologie und die christlichen Kirchen. Und auch unsere theologische und liturgische Sprache ist noch weit von einer Geschlechtergerechtigkeit entfernt. Bis hin zur römisch-katholischen Sichtweise, dass Frauen keine Priester sein können.

Ich bin in einer Großfamilie aufgewachsen, die nicht frei war von geschlechtertypischen Rollenzuschreibungen. Abitur, Studium und eine berufliche Karriere wurden beispielsweise den männlichen Nachkommen als ganz wichtig und erstrebenswert dargestellt. Uns Töchtern wurde signalisiert, dass eine gymnasiale und universitäre Bildung zwar für Frauen nicht unpassend sei, dass es für sie aber auch nicht falsch wäre, möglichst schnell Geld zu verdienen. Damit sie bis zur Hochzeit – die als selbstverständlich vorausgesetzt wurde – eine schöne Aussteuer beisammen hätten. Und zu der Erziehung der Mädchen gehörte ganz selbstverständlich eine Einübung hausfraulicher Tätigkeiten und Fertigkeiten wie Kochen, Backen, Bügeln und Putzen. Jungen hatten nur in Ausnahmefällen diese Aufgaben zu übernehmen, mussten sich dafür allerdings für handwerkliche und technische Hilfsdienste zur Verfügung stellen.

Alle Frauen aus meiner Familie hatten nach meiner Erinnerung aber ein starkes Selbstvertrauen. Sie setzten eine grundsätzliche Gleichwertigkeit von Männern und Frauen voraus, auch wenn sich diese nicht in gleichen Rechten und Pflichten konkretisierte. Für das Verlangen meiner Generation nach einer geschlechtergerechten Sprache in Theologie und Gesellschaft hatten meine Omas, meine Mutter und meine Tanten wenig bis gar kein Verständnis. Vor allem ein kämpferischer Feminismus war ihnen suspekt, obwohl sie die Frauenordination in der evangelischen Kirche und den Aufstieg erfolgreicher Frauen in Politik und Gesellschaft durchaus begrüßten. Wie die Gleichwertigkeit von Mann und Frau konkret zu leben war, darüber gab es also durchaus Diskussionen und Auseinandersetzungen.

Diese Diskussionen und Auseinandersetzungen waren wichtig für meine Entwicklung. Am wichtigsten aber war, dass meine Familie mich das Grundvertrauen lehrte:

Gott existiert und Gott ist für mich da.

Gott, *der* Ewige, *der* Schöpfer des Himmels und der Erde, hat ein ganz persönliches Verhältnis zu mir.

Und Gott will, dass auch ich ein ganz persönliches Verhältnis zu *ihm* habe.

Die beiden letzten Sätze machen in ihren Formulierungen deutlich:

Mein Gottvertrauen wurzelt in *männlichen* Gottesbildern.

Gott war – und ist – für mich „Gott, *der Schöpfer*", „Gott, *der Vater*", „Gott, *der Herr*".

Ich habe mein Theologiestudium 1967 begonnen. Die folgenden aufregenden und für mich sehr bewegenden Jahre – vor allem meine Begegnung mit der feministischen Theologie – ließen mich meine, wie ich damals erkannte, männlichen Gottesbilder und so manche Aussage und Folgerung der männlich geprägten Theologie in Frage stellen.

Es steht schließlich im ersten Schöpfungsbericht der Bibel:

„Und Gott schuf den Menschen zu seinem Bilde, zum Bilde Gottes schuf er ihn; und schuf sie als Mann und Frau" (1. Mose 1,27).

Wie kurz gedacht ist es, wenn Männer sich nur auf den zweiten Schöpfungsbericht beziehen, in dem Gott den Menschen zuerst „nur" als den Mann Adam erschafft und erst später die „Männin" Eva zu seiner Gehilfin.[III] Und wie vermessen und arrogant ist es, wenn einige christliche Theologen daraus bis heute eine von Gott gewollte und in der Schöpfung angelegte Geschlechterhierarchie ableiten:

Weil Gott dem biblischen Schöpfungsbericht zufolge den Mann zuerst erschuf, darf in den Augen dieser Theologen nur der Mann als das direkte Abbild und als der direkte Abglanz Gottes angesehen werden. Die Frau dagegen ist für sie nur ein Abglanz des Mannes und darf deshalb zum Beispiel auf keinen Fall Christus in der Kirche repräsentieren.

Ich habe in den Jahren meines Theologiestudiums begriffen:

Auch wenn die biblischen Texte wohl durchgängig von Männern aufgeschrieben wurden, legt die Bibel Gott nicht auf das männliche Geschlecht und auf männliche Verhaltensweisen fest.

Und noch entscheidender für christliche Theologie und christlichen Glauben ist meines Erachtens die Einsicht: *Es entspricht keinesfalls der Botschaft des Evangeliums, wenn männliche Gottesbilder von Männern dazu benutzt werden, sich selbst über die Frauen zu erheben und eine Männerherrschaft in der Familie, in der Kirche und in anderen öffentlichen Bereichen zu legitimieren.*

Mit dieser Erkenntnis habe ich versucht, mich auch ganz persönlich gegenüber weiblichen und nicht personalen

Gottesvorstellungen und Gottesanreden zu öffnen. Ich habe versucht zu beten:

„Gott, unser Vater und unsere Mutter, behüte mich vor allem Übel", oder:

„Du, unser Gott, *die* uns leitet und zärtlich in den Händen hält, sei mir nahe."

Aber auch wenn mein Kopf das ganz nachdrücklich wollte, mein Herz stellte sich quer. Ich redete von Gott als meiner Freundin und Mutter. Ich schrieb von Gott mit weiblichen Pronomen. Aber ich fühlte Gott als meinen Vater und als Herrn aller Welt. Und ich dachte Gott als ein männliches „Du".

Inzwischen habe ich aufgehört, mich mit meinem Kopf gegen mein Herz zu wehren. Ich gestehe es mir zu, dass mein persönlicher Glaube eine konkrete, persönliche Gottesbeziehung braucht und dass mein Glaube dabei eben in der Tradition männlicher Gottesbilder verwurzelt ist.

Aber noch immer – und immer wieder neu – rege ich mich auf, wenn Männer es grundsätzlich ablehnen, von Gott in weiblichen Bildern zu reden. Wenn sie – wie es beispielsweise bei der Herausgabe der „Bibel in gerechter Sprache" geschah – Frauen theologische Kompetenz absprechen, nur weil diese nicht mehr bereit sind, ihre Rede von Gott auf männliche Bilder zu reduzieren.

Meiner Meinung nach mangelt es bis heute vielen männlichen Theologen an der nötigen Demut gegenüber der Göttlichkeit Gottes und an der Einsicht, dass alle menschliche – und eben auch die männliche – Gotteserkenntnis begrenzt ist.

Auch in christlichen Kirchen verschwimmen bei manchen Männern die Grenzen zwischen gesundem Selbstvertrauen und ungesunder Selbstgerechtigkeit.

Da hast du schon recht! Auch ich habe mich gewundert, mit welchen Argumenten und mit welcher Heftigkeit in unserer Kirche gegen die „Bibel in gerechter Sprache" gestritten und gekämpft wurde. Auch der in unserer Kirche und von mir hochgeschätzte Theologe Karl Barth hat zu dem Thema Geschlechterhierarchie wohl einiges geäußert, das zu berechtigten Zweifeln und zu Widerspruch Anlass gibt.

So begründete er die geltende hierarchische Ordnung von Mann und Frau als eine im christlichen Glauben zu akzeptierende Anordnung Gottes:

„A (der Mann) geht vor B (die Frau), B kommt nach A. Ordnung heißt Folge. Ordnung heißt Vorordnung und Nachordnung, Überordnung und Unterordnung."[IV]

Gerade wir Männer sollten uns zu einem Widerspruch gegen die Vereinnahmung Gottes zur Stabilisierung des Patriarchats genötigt fühlen – auch wenn es uns einige Privilegien in Kirche und Gesellschaft kostet.

Gott sei Dank gab und gibt es genau solche Männer, auch Theologen, die sich von feministischen Einsichten bewegen lassen. Einer von ihnen, der die von dir geforderte Demut und Einsicht in Bezug auf die Begrenztheit unserer konkreten Gottesbilder eindrücklich und zugleich poetisch zum Ausdruck bringt, ist für mich der Schweizer Theologe und Dichter Kurt Marti.

Wie für uns, so ist auch für ihn ein nachhaltiges Gottvertrauen nur in einer „Du-Beziehung" zu Gott denkbar und lebbar. Aber zugleich weiß er um die Relativität aller unserer menschlichen Gottesbilder und Gottesanreden. So spricht und schreibt er zu Gott:

IMMER BIST DU ES
„Ehe wir Dich suchten,
warst Du da.
Bevor wir Dich „Vater" riefen,
hast Du uns als Mutter umsorgt.
Beugten wir die Knie vor Dir, dem Herrn,
kamst Du als Bruder entgegen.
Beschworen wir Deine Brüderlichkeit,
erging die Antwort schwesterlich.

Immer bist Du es,
der vorher war;
allwärts bist Du es,
der begegnet."[10]

Meine Gottesbeziehung wurzelt auch, wie deine, in männlichen Gottesbildern. Und auch ich bin in einer Familie aufgewachsen, die von traditionellen Rollenbildern geprägt war und die mich darin geprägt hat. So hat mir meine Mutter beispielsweise, auch als ich schon lange erwachsen war, immer meine Kleider zurechtgelegt. Ich weiß noch, wie überrascht du reagiert hast, als du mich während unserer gemeinsamen Studentenzeit in meinem Elternhaus besucht hast und feststellen musstest, dass ich gar nicht wusste, wo sich im Kleiderschrank meine Unterwäsche, Socken und Hemden befanden. Für meine Mutter war es undenkbar, dass ihr Sohn sich selbst seine Hemden bügeln oder ein Essen kochen müsste. Aber im Grunde ihres Herzens war sie durchaus davon überzeugt, dass Männer und Frauen gleichwertig sind. Und sie hat letztendlich sehr darunter gelitten, dass sie, auch als mein Vater längst pensioniert und sie noch berufstätig war, den Haushalt ganz allein schultern musste.

Gemessen an dem, was wir heute in vielen jungen Familien und auch bei unseren Töchtern erleben, praktizieren wir beide noch eine Mischform von Rollenfixierungen und Rollenbefreiungen. Noch immer fühlst du dich weitgehend allein verantwortlich für unseren Haushalt und ich kümmere mich um unser Auto und den ganzen Versicherungskram. Und immer war – wie du schon an anderer Stelle gesagt hast – die Vereinbarkeit von Berufsarbeit und Familienarbeit hauptsächlich dein Problem. Dennoch habe ich zu keiner Zeit an unserer grundsätzlichen Gleichwertigkeit gezweifelt. Und mir war dabei immer auch bewusst, dass diese grundsätzliche Überzeugung sich auch ganz praktisch in unserem Alltag zeigen und bewähren muss. Auseinandersetzungen darüber, wie das konkret gehen kann und soll, führen wir bis heute. Und ich bin froh und dankbar, dass wir beide darauf aufpassen, dass unser Selbstvertrauen nicht in Selbstgerechtigkeit umschlägt. Uns ist bewusst, dass wir das Selbstvertrauen des anderen keinesfalls beschädigen wollen. Denn ohne Selbstvertrauen können wir auch einander nicht vertrauen.

Das stimmt. Und auch unser Selbstvertrauen muss ein Dennoch-Vertrauen sein, also stark genug, um uns auch in unsicheren Zeiten wirklich zu tragen.

Wenn ich darüber nachdenke, kommt mir ein Text von Dietrich Bonhoeffer in den Sinn. Er hat um Selbstvertrauen gerungen, als er im Gefängnis auf seinen Prozess wartete. Im Dezember 1943 schrieb er an seinen Freund Eberhard Bethge:

„Ich habe das Gefühl, ich werde durch das, was ich sehe und höre, um Jahre älter und die Welt wird mir oft zum Ekel und zur Last.… Ich frage mich selbst oft, wer ich eigentlich bin, der, der unter diesen grässlichen Dingen hier immer wieder sich windet und das heulende Elend kriegt, oder der, …, nach außen hin als der Ruhige, Heitere, Gelassene, Überlegene dasteht und sich bewundern lässt?"[11]

Dietrich Bonhoeffer hat in dieser extrem schwierigen Lebenssituation den Widerspruch zwischen der Außenwirkung seiner Persönlichkeit und seinem inneren Selbstvertrauen nicht lösen können. Aber er konnte diesen Widerspruch getrost in Gottes Hände legen:

„Wer bin ich? Einsames Fragen treibt mit mir Spott. Wer ich auch bin, Du kennst mich, Dein bin ich, o Gott!"[12]

Ein solcher Widerspruch zwischen seiner Außenwirkung und seinem inneren Selbstvertrauen bewegte auch den Apostel Paulus vor fast 2000 Jahren, wenn auch mit umgekehrten Vorzeichen. Paulus litt unter der Diskrepanz von äußerer Unansehnlichkeit und Schwäche auf der einen und gefühlter innerer Kraft und innerem Strahlen auf der anderen Seite. Er beantwortet die existenzielle Frage nach dem eigenen Selbstvertrauen mit einem Loblied auf den inneren Menschen und auf das Unsichtbare. In seinem Brief an die Gemeinde in Korinth schreibt er: „Darum werden wir nicht müde; sondern wenn auch unser äußerer Mensch verfällt, so wird doch der innere von Tag zu Tag erneuert.

Denn unsre Trübsal, die zeitlich und leicht ist, schafft eine ewige und über alle Maßen gewichtige Herrlichkeit, uns, die wir nicht sehen auf das Sichtbare, sondern auf das Unsichtbare.

Denn was sichtbar ist, das ist zeitlich; was aber unsichtbar ist, das ist ewig" (2. Korinther 4,16 ff.).

Paulus weiß, dass das eigene innere Selbstvertrauen oft im Widerspruch steht zu der Außenwahrnehmung von Mitmenschen. Und Paulus ist – wie Dietrich Bonhoeffer – getragen von Gottvertrauen.

Aus der Perspektive Gottes ist der Unterschied zwischen dem inneren und dem äußeren Menschen aufgehoben.

Gott sieht nicht allein auf unsere Außenwirkung.

Die Liebe und Wertschätzung Gottes müssen sich Menschen nicht durch äußere Schönheit, Fitness, Reichtümer und berufliche Erfolge verdienen.

Sie haben sie bereits geschenkt bekommen. Das ist Gnade.

Der „innere Mensch" ist für Paulus die Dimension in uns, die sich an Gottes Wort orientieren kann und will. Für Paulus kann der „innere Mensch" deshalb schon jetzt – in unserem vergänglichen Leben – Anteil gewinnen an der uns von Gott verheißenen, zukünftigen Ewigkeit. Paulus will bei allen Christinnen und Christen die Sensibilität für diesen „inneren Menschen" wecken.

In einer Welt, in der Abschiednehmen, Verlust und Sterben zum Alltag gehören, in der wir immer wieder loslassen und neu beginnen müssen und die uns täglich die Vergänglichkeit unseres Körpers und die Vergänglichkeit unseres Planens und Gestaltens vor Augen führt, will er zugleich unser Gottvertrauen und unser Selbstvertrauen stärken. *Wenn auch unser äußerer Mensch verfällt, so wird doch der innere von Tag zu Tag durch Gottes Kraft erneuert! Ein Selbstvertrauen, das an diese Gotteskraft gebunden bleibt, kann uns wirklich auch in unsicheren Zeiten tragen.*

Kapitel 11
Vertrauen will immer wieder
neu gewagt werden

Die Forderung „Beweise mir, dass du mein Vertrauen verdienst!" ist für mich genauso unsinnig wie die Forderung „Beweise mir, dass du mich liebst!" oder „Beweise mir, dass es Gott gibt!". Manchmal scheint es mir, als versuchten Menschen immer häufiger, die Methoden und Möglichkeiten der Naturwissenschaften zum Fundament ihres Vertrauens zu machen. Sie fordern widerspruchsfreie Erklärungen, objektive Prüfmöglichkeiten und eindeutige Beweisverfahren für das, was sie als bedeutsam für ihr Leben anerkennen wollen. Und es ist ihnen dabei gar nicht bewusst, wie menschenfeindlich und armselig unser Leben und unsere Welt wären, wenn wir tatsächlich die wissenschaftlichen Methoden und Möglichkeiten zum Maß aller Erkenntnis und Wahrheit machen würden.

Objektive Vertrauensbeweise gibt es ebenso wenig, wie es objektive Liebes- und Gottesbeweise gibt.

Ich bin davon überzeugt: Wenn wir Menschen unseren Kopf und unser Herz gegenüber allem verschließen, was nicht objektiv beweisbar ist, dann verpassen wir viele Chancen und erkennen das wirklich Wesentliche nicht. Die Welt ist mehr als Schwarz und Weiß, An oder Aus, Strom oder nicht Strom. Sicherlich haben die Gesetze der Logik ihre Berechtigung und ihren Sinn. Aber in den Graustufen stecken viele Schätze. Erklärbarkeit ist nicht das Maß für das, was wirklich zählt. Gefühle und Empfindungen sprengen die Welt der zweiwertigen Logik. Und doch brauchen wir sie für ein erfülltes Leben!

Auch der Grund unseres Vertrauens wird immer ein Stück weit unerklärbar sein, ein Stück „unverfügbares Geheimnis" behalten – sowohl für unser eigenes logisches Verstehen wie auch für das Verstehen unserer Mitmenschen. Genauso ist es auch, wenn es um den Grund unseres Liebens und der uns Menschen möglichen Gotteserkenntnis geht.

So sehe ich das auch. Deshalb können wir Vertrauen nicht nach einem Schema mit Erfolgsgarantie „produzieren" und deshalb können wir unser Vertrauen niemals risikofrei „absichern". Die Bereitschaft, Wagnisse einzugehen, gehört zu einem vertrauensvollen Leben einfach dazu.

Als wir beide uns ineinander verliebten, warst du 19, und ich war 21 Jahre alt. Und schon nach unserem ersten gemeinsamen Jahr war uns beiden klar: Wir sind ganz besondere Gottesgeschenke füreinander, wir wollen beieinanderbleiben, „bis dass der Tod uns scheidet", und wir wollen das auch durch eine „offizielle" Eheschließung und durch eine kirchliche Trauung öffentlich bezeugen.

Viele unserer Freundinnen und Freunde haben uns damals gesagt:

„Ihr seid verrückt! Ihr kennt doch das Leben und auch euch selbst noch gar nicht gut genug für eine lebenslange Bindung. Genießt doch einfach erst einmal eure Verliebtheit, aber legt euch doch selbst und einander nicht so früh fest. Sammelt erst noch Erfahrungen – auch mit anderen Partnerinnen und Partnern –, ehe ihr euch gegenseitig die lebenslange Treue versprecht."

Aber auch wenn uns manche dieser Argumente und Einwände vom Kopf her eingeleuchtet haben, unsere Herzen wussten es besser.

Wir haben damals den Schritt in die Ehe gewagt, wir haben uns „getraut".

Wir haben Vertrauen gewagt – das Vertrauen auf uns selbst und aufeinander. Und auch das Vertrauen auf Gott.

Wir waren gleichsam „beseelt" von dem Vertrauen, dass unsere Liebe allen kommenden äußeren und inneren Veränderungen standhalten wird. Und auch davon, dass Gott unseren gemeinsamen Lebensweg begleiten wird. Dass Gottes Geist unseren Geist immer wieder neu stärken und inspirieren wird, damit die Liebe im Ehe-Alltag nicht abstumpft und versickert, damit unsere gegenseitige Liebe „jung" bleibt, auch wenn wir altern.

Wir haben das Vertrauen und die Trauung vor mehr als vierzig Jahren gewagt. Und in diesen Jahrzehnten hat sich wahrlich viel in uns und in unserem Leben verändert. Aber trotz all dieser Veränderungen habe ich dieses Wagnis niemals bereut!

Ich auch nicht!

Im Blick zurück auf unser beider Zusammenleben ist für mich ein Satz von Hilde Domin spürbar wahr und erfahrbar geworden. Hilde Domin schreibt in ihren Erinnerungen: „Ich setzte den Fuß in die Luft, und sie trug."

Wir haben es mit unserer frühen Eheschließung gewagt, unsere Füße gleichsam „in die Luft" zu setzen – ohne uns zuvor Fallschirme oder Sicherheitsnetze anzueignen.

Und die Luft hat uns getragen, auch wenn es in unserem Leben und in unserer Zweierbeziehung so manche Turbulenzen gab und ich mich mehr als einmal in einem freien Fall nach unten wähnte.

Auch wenn sich meine Vorstellungen und Kriterien in Bezug auf eine glückliche Paarbeziehung im Laufe der letzten Jahrzehnte geändert haben, eines ist geblieben: Ich fürchte die Langeweile mehr als Turbulenzen.

Ein Gleichmaß der Gefühle, eine stoische Ruhe und Leidenschaftslosigkeit waren und sind für mich kein erstrebenswertes Ziel – weder für meine Persönlichkeitsentwicklung noch für unsere Paarbeziehung. Darum konnte ich mich auch für die Ideale des Buddhismus niemals so recht begeistern. Der angestrebte „Gleichklang" kann auch tödlich langweilig sein. Deshalb ersehnte und ersehne ich mir für uns auch keine Zweierbeziehung, die in ungestörter Harmonie über Jahre hinweg ruhig dahinplätschert.

Ich müsste wohl auf Zeiten einer „himmelhoch jauchzenden" Glückseligkeit mit dir verzichten, wenn ich nicht auch bereit wäre, die Täler eines „Zu-Tode-betrübt-Seins" mit dir zu durchschreiten.

Denn ich denke, man kann in einer dauerhaften Beziehung nicht das eine ohne das andere haben. Es kann keine Berge ohne Täler geben. Ich stelle mir eine langjährige und zugleich beglückende Zweierbeziehung eben doch lieber wie eine Gebirgslandschaft – mit möglichst vielen Hochplateaus! – vor und nicht wie das platte Land, etwa am Niederrhein.

Und wenn ich über die vielen gescheiterten Zweierbeziehungen um uns herum nachdenke, so scheint mir, dass viele von ihnen letztendlich an dem Gleichmaß und der Langeweile ihres Liebeslebens gescheitert sind. Denn dann ist es im Ehealltag nur sehr schwer möglich, der Faszination einer außerehelichen neuen und aufregenden Liebesbeziehung zu widerstehen. Das gilt nach meiner Einschätzung übrigens für Frauen ebenso wie für Männer.

Ich kann mich noch sehr gut daran erinnern, wie während deiner Zeit als Gemeindepfarrer, gegen Ende der 80er-Jahre, der Ausschuss für Erwachsenenbildung eine Vortragsreihe über das christliche Eheverständnis im 20. Jahrhundert organisiert hatte.

Einer der vortragenden Theologen erklärte damals: Die Grundlage der Ehe ist die Treue. Aber die Treue, die Gott speziell von dem Ehemann erwarte, sei die „soziale Treue". Solange ein Mann also treu für die materiellen und sozialen Bedürfnisse seiner Ehefrau sorgt, sei von seiner Seite aus die Ehe auch bei einem „Seitensprung" nicht grundsätzlich gebrochen. Emotionale und sexuelle Untreue müssten nicht zum Scheitern beziehungsweise zum Bruch der Ehe führen.

Ich weiß noch, wie ich mich damals über diesen Vortrag aufgeregt habe. Und wie ich in der sich anschließenden Diskussion dem Vortragenden entgegenhielt:

Wir Frauen sind im 20. Jahrhundert – Gott sei Dank – nicht mehr auf die soziale und materielle Treue eines Ehemannes angewiesen. Auch als geschiedene und ehelose Frauen werden wir nicht mehr zu sozial Geächteten. Und für unser materielles Auskommen sorgen wir inzwischen selbst. Als geschiedene Ehefrau zur Not vielleicht auch mithilfe staatlicher Gerichte. Wenn es also einen Wandel im christlichen Eheverständnis gegeben hat, dann doch wohl diesen:

Im 20. Jahrhundert brauchen Frauen, auch christliche Frauen, nicht mehr den sozialen Status einer Ehefrau, um abgesichert und erfüllt zu leben. Vor allem brauchen sie keine Ehemänner mehr, die es mit der sozialen Treue genug sein lassen und ihre emotionalen und sexuellen Bedürfnisse „außer Haus" befriedigen! Für mich ist eine Ehe, die den Wert der emotionalen und sexuellen Treue gering schätzt, keine Ehe, erst recht keine Ehe im christlichen Sinne.

Ich weiß nicht mehr, ob und was der Vortragende damals auf meine Einwände geantwortet hat. Aber ich weiß, dass diese Fragen uns beide noch länger beschäftigt haben.

Auch das haben wir ja in den mehr als vierzig Ehejahren gelernt: Emotionale und sexuelle Treue ist in einer langjährigen Liebesbeziehung nicht leicht und nicht bruchlos zu leben. Zum Glück für uns und für unsere Beziehung haben wir feststellen können: Konkretes Misstrauen in bestimmten Situationen und Gefühle von Eifersucht müssen das Grundvertrauen zueinander nicht zerstören. Vor allem dann nicht, wenn wir uns trauen, diese Gefühle einander zu zeigen und zu thematisieren, ohne uns selbst in der Opferrolle und den Partner bzw. die Partnerin in der Täterrolle festzulegen. Unsere Auseinandersetzungen in solchen, oft mit Gefühlen überladenen Situationen haben mich einige Tränen – und dich viel Überwindung und Anstrengung – gekostet. Aber sie haben letztendlich unser gegenseitiges Vertrauen gestärkt.

Ich habe dabei nämlich spüren und erfahren können: Mir bedeuten deine Gefühle – auch wenn sie in meinen Augen manchmal unangemessen sind – mehr als mein eigenes kurzzeitiges Vergnügen. Und du nimmst meine Gefühle ernst, auch wenn sie albern und übertrieben sind. Du liebst mich, auch wenn ich mich selbst gerade wenig liebenswert fühle und wenig liebenswert zeige. Und ich liebe dich, auch wenn du dich mir gegenüber gerade sehr distanziert und verschlossen zeigst.

Mit ganz unterschiedlichen inhaltlichen Akzentsetzungen haben wir in verschiedenen Lebensphasen immer wieder neu nach Wegen gesucht, wie wir unsere eigenen Bedürfnisse leben können, ohne unsere Beziehung aufs Spiel zu setzen.

Wir haben festgestellt, dass das Ringen um diese Frage eine lebenslange Aufgabe für eine Paarbeziehung bleibt. Und dass sich Liebende dieser Aufgabe immer neu stellen müssen, damit sie nicht – bewusst oder unbewusst – das Selbstvertrauen ihres Partners beziehungsweise ihrer Partnerin zerstören. Auch nicht ihr Vertrauen zueinander.

Irgendjemand hat einmal gesagt:
„Menschen sind Engel mit einem Flügel, sie müssen sich umarmen, damit sie fliegen können."
Das ist, so finde ich, ein wunderbares Bild für jede Zweierbeziehung, aber speziell auch für uns beide. Wir haben es vor

mehr als vierzig Jahren gewagt, unsere Füße gemeinsam in die Luft zu setzen. Und die Luft hat uns getragen, weil wir bis heute nicht aufgehört haben, uns zu umarmen!

Für diese wunderbare Erfahrung bin ich dir und Gott immer wieder neu dankbar! Mir ist bei dem Wagnis von Vertrauen aber noch ein Aspekt ganz wichtig:

Menschen, die Vertrauen zu anderen Menschen wagen, müssen bereit und fähig sein, zu vergeben – sich selbst und anderen.

Für mich gehört das zu unserem Menschsein dazu, dass wir fehlerhafte Wesen sind. Wir können nicht leben, ohne dass wir irren, versagen und aneinander schuldig werden. Wir brauchen Vergebung, und wir müssen einander vergeben – gerade auch in unseren Liebes- und Zweierbeziehungen.

Wenn wir Vertrauen zu einem anderen Menschen wagen, mit ihm eine Beziehung eingehen und dann diese Beziehung aufkündigen, sobald der andere sich nicht als ein perfekter Mensch und Partner erweist, zerstören wir letztendlich jede Möglichkeit, unser Lebensglück in einer dauerhaften Beziehung zu finden.

Damit unser Vertrauen zu jemandem wachsen und sich nachhaltig bewähren kann, braucht es unsere grundlegende Bereitschaft zur Vergebung.

Und ich finde, das müsste doch in ganz besonderer Weise für ein christliches Eheverständnis gelten, gerade auch in Zeiten, in denen sich unsere Rollenbilder grundlegend geändert haben, weg von den patriarchalischen Vorstellungen und hin zu einem Miteinander der Geschlechter.

Wenn sich Christinnen und Christen bewusst sind, dass sie immer wieder neu aus der Vergebung Gottes leben, dann können sie gar nicht anders, als auch einander zu vergeben – auch und gerade in ihren Zweierbeziehungen.

Damit meine ich natürlich nicht, dass wir unkritisch alles hinnehmen und akzeptieren sollen, was der oder die andere tut.

So ist es ja auch nicht bei Gott. Gott ist es nicht egal, wie wir leben und was wir tun oder lassen. Gott schenkt uns keine billige Gnade und keine „Pauschal-Vergebung". Seine Liebe ist voraussetzungslos, aber nicht folgenlos.

Gott liebt uns ohne Vorbedingungen und kommt uns mit seinem Wort entgegen, ohne dass wir uns sein Entgegenkommen zuvor verdient hätten. Aber Gott erwartet von uns auch, dass wir unser Leben an seinem Wort ausrichten und dass wir unser Verhalten selbstkritisch reflektieren. Einsicht, Reue und die Bereitschaft, uns und unser Verhalten zu ändern, sind der „Preis", den wir Menschen für Gottes Vergebung zahlen.

Und ich denke, so kann es auch zwischen Partnerinnen und Partnern in einer „christlichen" Ehe sein: Sie können in der einander frei geschenkten Liebe leben und im Gegenüber, auch in der Andersartigkeit, Gottes Angesicht für sich neu entdecken. Sie müssen sich nicht täglich neu die Liebe und das Vertrauen zueinander durch ein wohlfeiles Verhalten verdienen. Aber sie sollten ihr Leben an der gegenseitigen Liebe ausrichten, Vertrauen nicht leichtsinnig aufs Spiel setzen und das eigene Verhalten durchaus auch selbstkritisch reflektieren.

Meine Erfahrung ist, dass diese Ausrichtung an der gegenseitigen Liebe mich vor Selbstgerechtigkeit bewahrt und mich dazu befreit, um Vergebung zu bitten, wenn ich dich – bewusst oder unbewusst – enttäuscht und verletzt habe.

Diese Einsicht in meine eigene Vergebungsbedürftigkeit weckt und stärkt zugleich meine Bereitschaft, dir zu vergeben, wenn du mich – bewusst oder unbewusst – enttäuscht oder verletzt hast.

Mir scheint heute dieser Vergebungsaspekt für ein „christliches" Eheverständnis fast wichtiger als unsere damalige Auseinandersetzung um soziale, emotionale und sexuelle Treue.

Und dann bewegt mich in diesem Zusammenhang noch ein Gedanke:

In einem Wörterbuch habe ich gelesen, dass Vertrauen ein Wort ist, von dem es keine Mehrzahl gibt. „Zweimal Vertrauen" ist also nicht mehr und nichts anderes als „einmal Vertrauen".

Oder anders ausgedrückt: Wenn ich Vertrauen wage und Vertrauen schenke, dann wage und schenke ich es ganz – oder gar nicht. Es macht keinen Sinn, „ein bisschen" Vertrauen zu wagen.

Oder um dein Bild vom Beginn dieses Kapitels aufzunehmen: Wer mit einem Fallschirm seine Füße in die Luft setzt, der wagt kein Vertrauen und der kann gar nicht erfahren, ob die Luft ihn trägt.

Das gehört für mich zum Wagnis von Vertrauen mit dazu: Wir müssen manchmal einen großen Sprung ins Ungewisse wagen. Wir können unser Vertrauen nicht einfach stückchenweise in kleinen Schritten erproben, um es dann anschließend wieder zu einem großen Vertrauen zusammenzusetzen.

Wer sein Vertrauen kleinteilig aufsplitten und jedes Teil einzeln absichern will, der verpasst das Vertrauen damit ganz und gar.

Ob es wohl diese Angst vor einem großen Sprung ins Ungewisse ist, die viele Menschen davon abhält, lebenslange Verbindungen zu wagen? Viele Paare entscheiden sich heute zunächst für ein Zusammenleben „auf Probe". Sie ziehen erst einmal zusammen, ohne rechtliche Verbindlichkeiten und ohne eine kirchliche Trauung. Ich will das hier überhaupt nicht schlechtreden, denn ich glaube nicht, dass der Segen Gottes nur dann auf einer Lebensbeziehung liegt, wenn sie rechtlich und kirchlich „abgesegnet" ist. Ich frage mich nur, ob nicht viele Menschen ihr mögliches Lebensglück verpassen, wenn sie kein Vertrauen ohne einen inneren Vorbehalt wagen können. Wenn immer unausgesprochen im Raum steht: „Vielleicht ist es ja doch eine falsche Wahl und eine falsche Entscheidung." Wenn sie ihre Lebenspartner nach dem Motto wählen: Erst einmal festhalten, aber doch noch weitersuchen. Wenn sie sich nicht eingestehen wollen oder können, dass jede Entscheidung *für* einen Menschen oder eine Sache zugleich auch eine Entscheidung *gegen* andere oder anderes impliziert.

Wir können nicht die Glücksmöglichkeiten einer exklusiven Zweisamkeit erfahren, wenn wir zugleich unsere Möglichkeiten für aufregende „One-Night-Begegnungen" ausleben wollen. Und wir können nicht die Glücksmöglichkeiten eines Familienlebens mit Kindern genießen, wenn wir zugleich eine unabhängige und spontane Lebens- und Zeitplanung realisieren wollen. Jede Entscheidung *für* einen Beruf, *für* einen Wohnort, *für* eine bestimmte politische Überzeugung und auch *für* eine Kirchenmitgliedschaft ist zugleich eine Absage an andere Möglichkeiten und bindet mich an Menschen und an Überzeugungen. Und viele dieser

Bindungen entfalten ihr Glückspotenzial erst in und durch Dauerhaftigkeit – das ist jedenfalls meine Erfahrung.

Darum bin ich manchmal doch traurig, dass so viele junge Paare bei ihrer kirchlichen Trauung den Satz „Willst du deinen Partner aus Gottes Hand nehmen, ihn lieben und ehren, in Freud und Leid ihn nicht verlassen und den Bund der Ehe mit ihm heilig und unverbrüchlich halten, *bis dass der Tod euch scheidet?*" nicht als Verheißung, sondern als Druck und Belastung verstehen. Und dass sie dann nach eigenen Formulierungen suchen, die unverbindlicher und offener sind. Dass sie lieber mehrere kleine Hüpfer wagen wollen als den einen großen Sprung. Mein Kopf versteht das angesichts der vielen gescheiterten Ehen, mit denen junge Leute in ihrem Lebensumfeld konfrontiert sind. Aber mein Herz denkt dann doch jedes Mal „Schade!", wenn ich ein Trauversprechen höre nach dem Motto: „Wir wollen zusammenbleiben, solange unsere Liebe dauert."

Dabei ist es mir aber ganz wichtig festzuhalten:

Mein Wunsch, unsere Ehe „heilig und unverbrüchlich zu halten, bis dass der Tod uns scheidet", erwächst nicht daraus, dass ich die Ehe als Institution für ein heiliges und unauflösliches Sakrament – also als eine von Gott oder Jesus Christus gestiftete Handlung – ansehe. Ich bin froh und dankbar, dass Martin Luther für den evangelischen Glauben die Ehe, die er ein „weltlich Ding" nennt, von diesem Sockel heruntergeholt hat. Die Ehe „heilig halten" bedeutet für mich also nicht, sie als eine „heilige, göttliche Gegebenheit" zu verehren, sondern sie in Bindung an Gottes Wort und im Vertrauen auf Gottes Weggeleit zu leben und zu gestalten.

Gut, dass Menschen in unserer Kirche nicht um ihres Glaubens willen an einer unglücklichen und unglücklich machenden Ehe festhalten müssen, dass ihnen auch die Möglichkeit eines Scheiterns zugestanden wird. Und dass sie, wenn es so kommt, sogar einen Neuanfang zugesprochen bekommen – auch mit dem Segen Gottes in einer zweiten kirchlichen Trauung.

Wir kennen einige Paare, die ihr Lebensglück nicht in ihrer ersten Ehe gefunden haben, sondern erst nach einer Trennung und einem Neuanfang in einer zweiten Ehe. Was es bedeutet, wenn einzelne Menschen vier oder noch mehr Eheschließungen brauchen, um ihr Lebensglück zu finden, will ich hier einmal außen vor lassen. Es gibt keine pauschalen Antworten auf solche Fragen. Es ist wichtig, den Einzelnen zu betrachten.

Das Wagnis eines großen Sprunges kann wohl danebengehen und das Ziel verfehlen. Aber ohne das Dennoch-Vertrauen auch in großen Sprüngen zu wagen, scheint mir ein Menschenleben banal und unausgefüllt. Und unser gegenseitiges Versprechen, die Ehe lebenslang miteinander führen zu wollen, ist für mich ein solches Wagnis, das mein Leben nicht unbedingt leicht macht, aber mit Sinn und Glück erfüllt.

Mir steht als großes Bild für ein erstaunliches und logisch nicht zu begründendes Wagnis von Vertrauen die biblische Geschichte von Petrus vor Augen, wie er es wagt, über das tosende Wasser des Sees Genezareth zu gehen. Im Vertrauen auf das Wort Jesu setzt Petrus seine Füße auf die stürmische See – und das Wasser trägt ihn. Es trägt ihn so lange, wie Petrus nur auf Jesus sieht, ihm vertraut und ihm entgegengeht.

Erst, als Petrus seinen Blick auf die übermächtig erscheinende Bedrohung von Wind und Wellen richtet, erschrickt er und beginnt zu sinken. In seiner Todesangst wendet Petrus sich dann aber wieder an Jesus und schreit: „Herr, hilf mir!"

Und Jesus streckt seine Hand aus, ergreift Petrus und sie treten zusammen in das rettende Boot.[V]

Diese biblische Geschichte schenkt mir immer wieder neu den Mut, Vertrauen zu wagen – im Blick auf Jesus Christus und auch im Blick auf dich und auf alle Menschen, deren Liebe mein Leben trägt.

Und der Blick auf Jesus Christus macht mir offenbar:

Wo und wann immer wir Vertrauen wagen, können wir nicht tiefer sinken und nicht tiefer fallen als in Gottes Hand.

Deshalb will unser Gottvertrauen uns immer wieder neu dazu ermutigen, auch in unruhigen Zeiten ein Dennoch-Vertrauen zu wagen, so wie es in dem Lied „Vertraut den neuen Wegen" formuliert ist. Klaus Peter Hertzsch hat es 1989 ursprünglich für eine Trauung verfasst:

„Vertraut den neuen Wegen und wandert in die Zeit!
Gott will, dass ihr ein Segen für seine Erde seid.
Der uns in frühen Zeiten das Leben eingehaucht,
der wird uns dahin leiten, wo er uns will und braucht.

Vertraut den neuen Wegen, auf die uns Gott gesandt!
Er selbst kommt uns entgegen. Die Zukunft ist sein
Land.
Wer aufbricht, der kann hoffen in Zeit und Ewigkeit.
Die Tore stehen offen. Das Land ist hell und weit."[13]

Eine persönliche Einladung zum Schluss

Liebe Leserin, lieber Leser,

Gott will, dass wir Menschen in Beziehungen leben und Vertrauen wagen – Vertrauen auf sein Wort und sein Weggeleit, Vertrauen auf andere Menschen und auch Vertrauen zu uns selbst. Vertrauen als „Beziehungswort" ist eine unverzichtbare und unersetzbare Wurzel für ein glückliches und erfülltes Leben. Das haben wir in diesem Buch anhand unserer Erfahrungen und Überzeugungen gleichsam „durchbuchstabiert" und wollen Sie damit einladen, den Erfahrungen von Misstrauen und von enttäuschtem Vertrauen nicht das letzte Wort zu lassen. Nicht in Ihrem privaten Leben und auch nicht in den Bereichen des öffentlichen und politischen Handelns. Wir wollen Sie dazu ermutigen, ein Dennoch-Vertrauen zu wagen, das in unsicheren Zeiten und in Vertrauenskrisen nicht zerbricht. Ein widerständiges Vertrauen in neue Wege und in neue, oft unerwartete und nicht berechenbare Erfahrungen mit Gott und mit anderen Menschen.

Glauben und Vertrauen sind keine statischen, in Stein gehauenen „Werte", die wir Menschen ein für alle Male „haben" und „besitzen" könnten. Glauben und Vertrauen sind vielmehr dynamische Lebenshaltungen, die sich verändern und die wir wagen, behüten und wachsen lassen müssen – wie alles Lebendige, ja, wie unser Leben selbst.

Zum Leben gehören oft auch Irrwege und Fehlentwicklungen, Versagen und Enttäuschungen, Schmerzen und Abschiede. Damit wir darin nicht abstumpfen, nicht verzweifeln und nicht zynisch werden, brauchen wir ein Dennoch-Vertrauen, ein Vertrauen, das uns auch in unsicheren Zeiten wirklich tragen kann. Ein Vertrauen, das uns Menschen immer wieder neu die Gewissheit schenkt:

Umkehr, Vergebung und neue Aufbrüche sind möglich.
Wir wissen aus Erfahrung: Vertrauen kann neu wachsen.
Vertrauen hilft uns, unsere Lebenszuversicht in Krisen zu bewahren und unsere Krisen zu überwinden.

Dieses Buch soll Sie ermutigen:
Wagen Sie ein Dennoch-Vertrauen!

Dafür möchten wir Ihnen einen Segenswunsch von Hanns Dieter Hüsch mit auf Ihren Weg geben:

„Im Übrigen meine ich
Dass Gott uns das Geleit geben möge
Immerdar
Auf unserem langen Weg zu unserer Menschwerdung
Auf dem endlosen Pfad zwischen Gut und Böse
Herzenswünschen und niedrigen Spekulationen
Er möge uns ganz nahe sein in unserer Not
Wenn wir uns im dornigen Gestrüpp der Wirklichkeit
    verlieren…
Er möge uns vor falschen Horizonten und
Dunklen Abgründen bewahren
So dass wir nicht in Richtungen wandern
Die uns im Kreise und an der Nase herumführen…
Er möge sich unser erbarmen
Am Tage und in der Nacht
In der großen Welt und in der kleinen Welt unseres
    Alltags
In den Parlamenten, in den Chefetagen der Industrie
Und in unseren Küchen
Er möge uns unsere Krankheiten überstehen lassen
Und uns in der Jugend und im Alter seine Schulter
    geben
Damit wir uns von Zeit zu Zeit
Von Gegenwart zu Gegenwart
An ihn anlehnen können
Getröstet, gestärkt und ermutigt."[14]

Ihre Anne und Nikolaus Schneider

Foto: Steffen Roth

Über die Autoren:

Anne und Nikolaus Schneider sind seit mehr als 40 Jahren verheiratet, sie haben zwei Töchter und drei Enkelkinder. Die dritte und jüngste Tochter – Meike – starb 2005 im Alter von 22 Jahren an Leukämie. Der Theologe Präses Dr. h. c. Nikolaus Schneider ist seit 2010 EKD-Ratsvorsitzender und war von 2003 bis 2012 Präses der Evangelischen Kirche im Rheinland. Seine Frau Anne unterstützt ihn bei seinen zahlreichen Aufgaben und hat mit ihm bereits drei Bücher verfasst.

Literaturhinweise

Wir danken den Verlagen für die freundlicherweise erteilten Abdruckgenehmigungen:

1   Aus: Meike Schneider, Ich will mein Leben tanzen, Tagebuch einer Theologiestudentin, die den Kampf gegen Krebs verloren hat. Mit einem Vorwort von José Carreras. 2. Aufl. 2011, S. 44, Neukirchener Verlagsgesellschaft mbH, Neukirchen-Vluyn

2   Hilde Domin, Gesammelte Essays, Vorwort © S.Fischer Verlag GmbH, Frankfurt am Main 1993, S. 11

3, 10   Mit Genehmigung des Radius-Verlags entnommen aus: Kurt Marti: DU. Rühmungen © 2008 by Radius-Verlag, Stuttgart

4   Marie Luise Kaschnitz, „Auferstehung" © Iris Schnebel-Kaschnitz

5   „Dem Revolutionär Jesus zum Geburtstag" aus: Erich Kästner, Ein Mann gibt Auskunft © Atrium Verlag, Zürich 1930 und Thomas Kästner

6, 7   Der Heidelberger Katechismus. Frage 21 und Frage 65 Aus: Der Heidelberger Katechismus, Herausgeber: Evang.-ref. Kirche, Lipp. Landeskirche und Ref. Bund. 4. Aufl. 2010, Neukirchener Verlagsgesellschaft mbH, Neukirchen-Vluyn

8, 9, 11, 12 Dietrich Bonhoeffer, Widerstand und Ergebung © 1998 Gütersloher Verlagshaus, Gütersloh, in der Verlagsgruppe Random House GmbH

13   Klaus Peter Hertzsch: Vertraut den neuen Wegen. Aus: ders., Sag meinen Kindern, dass sie weiterziehn © 2005 by Radius-Verlag, Stuttgart

14   Hanns Dieter Hüsch: Segen für alle Zeit (gekürzt) aus: Hanns Dieter Hüsch/Michael Blum: Das kleine Buch zum Segen, Seite 4 ff., 2012/12; © tvd-Verlag Düsseldorf 1998

Alle Bibelstellen sind entnommen aus: Lutherbibel, revidierter Text 1984, durchgesehene Ausgabe © 1999 Deutsche Bibelgesellschaft, Stuttgart.

Quellenhinweise

I vgl. Martin Luthers Kleiner Katechismus, Das vierte Hauptstück: Das Sakrament der heiligen Taufe

II Demokratie braucht Tugenden, Gemeinsames Wort des Rates der EKD und der Deutschen Bischofskonferenz zur Zukunft unseres demokratischen Gemeinwesens, Hannover/Bonn 2006, S. 12

III vgl. 1. Mose 2,4 ff.

IV Karl Barth, KD III 4, S. 198

V vgl. Matthäus 14,22–33

Das Glaubensbekenntnis.

Gebunden · 22 x 30 cm
160 Seiten · Mit Schutzumschlag
durchgehend farbig
ISBN: 978-3-942208-81-9

Immer wieder haben Menschen versucht, ihre Glaubenserfahrungen
und -Erkenntnisse festzuhalten und an andere weiterzugeben.
Bundestagspräsident Norbert Lammert hat in diesem außergewöhnlichen
Band Texte bekannter Autoren, christlicher Mystiker und Theologen
zusammengestellt.

Der Künstler Andreas Felger setzt sich seit fünf Jahrzehnten mit biblischen
und liturgischen Texten künstlerisch auseinander. 2011 entstand in groß-
formatigen Ölbildern der 19-teilige Credo-Zyklus. In diesem hervorragend
ausgestatteten Band gehen Bilder und Texte eine besondere Symbiose ein.

adeo
Unterwegs. Sein.

Gedanken der Hoffnung.

Gebunden · 176 Seiten
Mit Schutzumschlag
durchgehend farbig
ISBN 978-3-942208-47-5

Wir können schmerzhaften Erfahrungen, Krankheit, dem Verlust eines geliebten Menschen und auch dem eigenen Versagen nicht ausweichen. Doch es hängt viel davon ab, wie wir damit umgehen. Henri Nouwen weiß sich getragen von seinem Glauben. Er hat für sich selbst erfahren, dass der christliche Glaube neue „Flügel" verleiht, sodass wir aufsteigen können aus den Tiefpunkten unseres Lebens. Ein Buch gegen die Verzweiflung und die Angst. Ein Buch voller Trost und Hoffnung.

adeo
Unterwegs. Sein.

Verlagsgruppe Random House FSC-N001967
Das für dieses Buch verwendete FSC®-zertifizierte Papier
EOS liefert Salzer, St. Pölten.

© 2013 by adeo Verlag
in der Gerth Medien GmbH, Asslar,
Verlagsgruppe Random House GmbH, München

1. Auflage 2013
Bestell-Nr. 814278
ISBN 978-3-942208-78-9

Umschlaggestaltung: Gute Botschafter GmbH, Haltern am See
Umschlagfoto: Steffen Roth, Berlin
Satz: Uhl + Massopust GmbH, Aalen
Druck: GGP Media GmbH, Pößneck

Printed in Germany